식객 허영만의 백반기행 3

일러두기

- 이 책은 TV조선 〈식객 허영만의 백반기행〉 96회부터 142회까지 방영된 식당 중에서 저자가 뽑은 곳들을 소개합니다.

- 본문의 식당 정보는 2022년 5월을 기준으로 작성하였으며, 이후 식당 사정에 따라 변경될 수 있습니다. 방문 전, QR코드 스캔 혹은 전화 문의를 권장드립니다.

- '브레이크 타임'은 변동성이 커 따로 표기하지 않았습니다. 다만, 브레이크 타임이 있으나 특정 요일에는 해당 시간에도 영업하는 곳은 표기했습니다.

- '라스트 오더' 시간은 영업 마감 시간과 45분 이상 차이가 날 경우에만 표기했습니다.

- **QR코드 스캔 방법** : 스마트폰 카메라(네이버 앱 및 다음 앱)를 연 뒤, QR코드 위로 갖다 대어 스캔합니다. 브라우저 연결 창이 뜨면 들어가 식당 정보를 확인할 수 있습니다.

식객이 뽑은 진짜 맛집

식객 허영만의
백반기행 3

"이 한 권이면 전국 어디를 가든 밥 걱정은 NO!"

허영만 · TV조선 제작팀 지음

가디언

머리말

백반은 어머니의 손맛이다

텃밭에서 기른 푸성귀를 뜯어다가

된장에 주물주물 내놓은 나물 반찬이나

바닷가에서 건져 올린 돌게를 양념에 무쳐 상에 올리거나

술 한잔 걸치고 온 아들 속을 풀어주려고 끓여낸 시래깃국이나

어머니는 있는 것들만으로도 맛있는 밥상을 차려주셨다.

그렇게 차려진 밥상을 찾아 떠난 백반기행은

어머니의 손맛을 찾아가는 여정이다.

채반에 고봉으로 담겨 나오는 어머니의 정성을

무엇에 비기겠는가.

골골마다 집집마다 제철에 나는 것들로 차려진 밥상을

마주하면 나는 행복해진다.

허영만

네그보드는 몇번 반났었더니 기방하다고 진갑하다고
맛이 다르다는것을 알았다. 큰 소득이다.
강원도 OOO 돌하자이 그랬고 서산의 OO식당이 그랬고
서울 홍동의 OOO 식당이 그랬다.
내 입맛을 알려줘 찾는 네그보드 무리하다.
맛은 그 냉반양성에 모든거지.
냉반을 즐길수 있는 네네가 좋아졌다.
일요일의 일채이 기대된다.

차례

머리말 백반은 어머니의 손맛이다   4

서울 밥상

은평구
산들애건강밥상 16
마마수제만두 18
와우양철통소금구이 19
오두리두부 20

종로구
진옥화할매원조닭한마리 22
오라이등심 24
새집 26
이문설렁탕 28
이식당 30
충무칼국수 32
덕성각 34

성동구
신명먹거리 35
왕십리정부네곱창 36
갈비탕집 38

중구
백송 40

동대문구
어머니대성집 42

용산구
섬집 44
용산양다리 46
영덕식당 48

중랑구
맹돌이생선구이쌈밥전문점 50
태능배밭갈비 51
묵동부대찌개 52

노원구
원조닭갈비 54

서초구
한우다이닝울릉 56

강남구
삼성원조양곱창 58

인천·경기 밥상

인천
평양옥 64
대성불고기 66
신포동집 68
용흥궁식당 70
강화꽃게집 72
수남호 74
현대물텀벙 76

포천
샘물매운탕 77
관인약수터막국수 78
사리원 80
금강산매운갈비찜 82

남양주
수인씨의마당 84
개성집 86
옹기장터백화점(옹기찻집) 88
광천정육점식당 90

구리
홍어회찜 91
동갈전 92
우미관 94
돌다리집 96

하남
마방집 98

광주
최미자소머리국밥 100
순영네돼지집 102
Phở việt (포비엣) 104

여주
팔남매 105
걸구쟁이네 106
마당집추어탕 108
포뜰오리 110

성남
행하령수제비 111
장터식당 112
남해소반 114
진선보쌈 116

안성
강건너빼리 118
두꺼비스넥 120
한경식당 122
빠박이생고기 124

수원
한봉석할머니순두부 126
팔미옥 128

안양
호계분식 130
안양감자탕 132
삼돌박이수라육간 134

안산
팔곡가든 136
김종우갈백집 138
진도식당 140

화성
전주토속음식점 142
뚝방집 144

🍴 강원 밥상

춘천
강릉집 150
후평왕족발 152
감자밭 154
대복소갈비살 156
맥고을 158

횡성
작은밥집소소반 160
이리가든 162
심순녀안흥찐빵 164
새말토종순대 165

평창
오복가든 166
큰우리 168

인제
곰배령끝집 170
대흥식당 172
삼호숯불갈비 174

고성
쌍둥이네식당 176
녹원식당 177
남경식당 178

양양
단양면옥 180

강릉
북청해장국 182
불개미식당 184

동해
시골 186
동해바다곰치국 188
부흥횟집 190
삼송갈비 192

태백
구와우순두부식당 194
한밭식당 196
현대실비식당 198

대전·충청 밥상

대전
회랑 204
경동오징어국수 206
대전갈비집 208
홍두깨칼국수 210

태안
너울횟집 212
자연산오대감튀김 214
원풍식당 216

예산
호반식당 218
60년전통예산장터국밥 220
소복갈비 222
또순네식당 224

보령
웅천사천성 226

샘물식당 228

부여
연잎담 230
광명식당 232
부여할매순대 234

공주
유구식당(유구정육식당) 236

제천
대추나무집 238
의림만두국 240
석이네숯불구이 242
외갓집 244

보은
신라식당 245

대구·울산·부산·경상 밥상

대구
온돌방식당 250
국일따로국밥 252
산골기사식당 254
일경식당 256
호아막창 258
남도횟집 259
개미분식 260
진미통닭 261

상주
너구리식당 262
서보냇가 264
수라간 266
영원식당 268
남산가든 270

울산
진미불고기 272
대왕곰장어 274
밀양시골밥상 276
함양집 277

부산
합천국밥집 278
해운대암소갈비집 280
마라톤집 282

하동
원조강변할매재첩회식당 284
마루솔한정식식당 286

밀양
제일식당 288
사자평명물식당 290
향촌갈비 292

전라 · 제주 밥상

군산
서우식당 298
서수해장국 300
궁전매운탕 302

고창
작은항구 304
싱싱수산식당 306
뭉치네풍천장어전문 308
모꼬지바지락요리전문점 310

무안
옛날시골밥상 312
곰솥낙지 314
두암식당 316

장흥
본전식당 318
만나숯불갈비 320
삭금쭈꾸미 322
남포수산 324

광양
부흥식당 326
쌈지촌 328

제주
한라산아래첫마을영농조합법인 330
혼차롱식개집 332
돈지식당 334

서울 밥상

|

서울

은평구

산들애건강밥상 · 16
전통발효청국장, 코다리구이

마마수제만두 · 18
고기부추물만두, 고기찐만두

와우양철통소금구이 · 19
소금구이, 양념구이

오두리두부 · 20
순두부, 두부황태전골

은평구

종로구

진옥화할매원조닭한마리 · 22
닭한마리

오라이등심 · 24
동그랑땡, 꼼장어

새집 · 26
가정식백반, 부대찌개

이문설렁탕 · 28
설농탕, 도가니탕

이식당 · 30
한우초밥, 한우다타키

충무칼국수 · 32
칼국수, 보쌈

덕성각 · 34
옛날짜장, 고추짬뽕

중구

백송 · 40
서댓살, 한우짝갈비살

용산구

섬집 · 44
참게꽃게매운탕, 와다비빔밥

용산양다리 · 46
양다리구이, 고급양갈비

영덕식당 · 48
막회, 물회밥

산들애 건강밥상

TEL. 02-385-9693

식당 주소
서울 은평구 대서문길 43-16

운영 시간
11:00-21:00
매주 월요일, 화요일 휴무

주요 메뉴
전통발효청국장, 코다리구이
주꾸미볶음, 감자전

북한산 아래, 등산객뿐만 아니라 일반 사람들의 발길도 사로잡은 곳. 솔잎을 깔아 띄워 냄새가 강하지 않은 청국장이 인기 메뉴다. 된장에 가까운 맛이라 초심자가 먹기에도 어렵지 않은 것이 특징. 일일이 감자를 채 썰어 만든 감자전은 이것만 먹으러 오고 싶을 정도다.

원효봉을 마당에 두고
손수 만든 반찬 맛에 이미 취기가 도는구나.
막걸리는 언제 마시죠~

방문 날짜 20 . . **나의 평점**

방문 후기

마마 수제만두

TEL. 02-375-1688

중국 산동의 본토 맛을 그대로 살린 만둣집. 그 덕에 호불호는 좀 갈릴지라도 이미 미식가들 사이에선 유명한 집이다. 중국에서 흔하게 쓰는 재료인 '셀러리'를 넣어 씹는 맛을 살린 만두가 특히 인상 깊다. 60년 된 첨면장으로 만든 산동식 짜장면도 중식 좀 아는 이라면 놓치지 말 것.

식당 주소
서울 은평구 증산로 397

운영 시간
11:00-22:00
매월 둘째, 넷째 주 일요일 휴무

주요 메뉴
고기부추물만두, 고기찐만두
고기군만두, 짜장면

방문 날짜 20 .   .   나의 평점

방문 후기

와우양철통 소금구이

TEL. 02-386-8342

등산 후에 먹는 돼지고기 맛을 누가 이기랴! 연탄불에 은은하게 구워 촉촉한 돼지 목살을 소금에 살짝 찍어 먹으면 등산의 피로가 전부 풀린다. 무엇보다 이 집은 고기 양이 어찌나 많은지 다른 가게의 두 배는 되는 듯하다. 게다가 무료 후식 국수까지! 주인장 인심에 마음이 든든하다.

식당 주소
서울 은평구 연서로34길 23

운영 시간
16:00-23:00
매주 월요일 휴무

주요 메뉴
소금구이
양념구이
소갈비살

방문 날짜 20   .   .   나의 평점 🍚🍚🍚🍚🍚

방문 후기

오두리두부

TEL. 02-353-8653

식당 주소

서울 은평구 불광로18길 10-2, 1층

운영 시간

10:30-20:00
매주 월요일 휴무

주요 메뉴

순두부, 두부황태전골
콩국수, 청국장

주인장 어머니의 이름을 간판으로 내걸 만큼 자신감 넘치는 집. 그 무엇 하나 화려한 것이 없는 순두부이지만 색, 맛, 분위기에서 다른 모든 것을 압도한다. 초당순두부보다 좀 더 밀도가 있어 국물 없이 순두부만 먹어도 그 맛을 느낄 수 있는 것이 특징. 참 맛있다!

북한산 뒷쪽 불광사 코스에
무시 못할 복병이 숨어 있습니다.
전대(돈주머니) 차고 와서 확인하세요~~

방문 날짜 20 . .   **나의 평점**

방문 후기

진옥화할매 원조닭한마리

TEL. 02-2275-9666

식당 주소
서울 종로구 종로40가길 18

운영 시간
10:30-01:00
라스트 오더 23:30

주요 메뉴
닭한마리

맑은 육수에 닭 한 마리가 덩그러니 담겨 나오는 요리 '닭한마리'. 깔끔하고 담백한 국물도 제맛이지만 이 집의 핵심은 양념장이다. 취향껏 만드는 양념장에 부드러운 살코기를 찍어 먹으면, '언제 또 오지?' 고민하게 된다. 칼국수 면과 김치를 넣은 칼칼한 마무리도 완벽하다.

오늘 촬영 시작이 좋습니다.
이 집을 잊지 못하는 분들 많은 이유가 있습니다.
충성!

방문 날짜 20 . .   나의 평점

방문 후기

오라이등심

TEL. 02-2279-8449

식당 주소
서울 종로구 종로32길 23-5

운영 시간
10:30-00:00

주요 메뉴
동그랑땡
꼼장어

돼지 목살을 동그랗게 말아 구운 걸 두고 손님들이 애칭으로 '동그랑땡'이라 부르던 것이 지금의 이름이 되었다. 과하게 달지 않고 적당히 잘 밴 빨간 양념이 이 집의 비기. 그러나 진짜 비기는 시장 동료들을 생각해 음식을 사 와 같이 먹어도 된다는 주인 인심인 듯하다.

자네, 요즘 세상은 인심이 박하다고 했지?
이 집 가보게나.
그 말 쏙 들어가고 말걸세.

방문 날짜 20 . .   **나의 평점** 🍚🍚🍚🍚🍚

방문 후기

재집
TEL. 02-2275-2848

식당 주소
서울 종로구 종로26길 14-1

운영 시간
전화 후 방문 추천
매주 일요일 휴무

주요 메뉴
가정식백반
부대찌개

그저 집에서 먹는 것처럼 한다는 주인장. 인근 상인들의 끼니를 생각해 이것저것 내오는 반찬에 정이 한가득 담겨 있다. 몸이 좋지 못한 주인장에게 식당이 사라질까 걱정하는 손님들이 건강 먼저 챙기라며 잔소리를 하는 곳. 이곳이야말로 우리가 찾던 백반집이 아닐까.

우리가 찾던 어머니의 밥상을
여기서 또 만났습니다.
복잡한 골목 안에 숨어 있어서
더욱 빛나는 집입니다.

방문 날짜 20 . .   **나의 평점** 🍚🍚🍚🍚🍚

방문 후기

이문설렁탕

TEL. 02-733-6526

식당 주소
서울 종로구 우정국로 38-13

운영 시간
08:00-21:00
(주말 브레이크 타임 없음)

주요 메뉴
설농탕
도가니탕

117년 역사에 서울시 음식점 등록 1호 식당. 그릇에 숟가락 하나가 꽂혀 나오는 것도 옛 방식 그대로란다. 만하타방(소의 비장), 양지, 소머리, 볼살 가득한 건더기는 그야말로 일품. 국물은 별다른 거 추가하지 않고 사골만 넣어서 끓였다는데, 고소함의 극치가 여기인 듯하다.

쉽게 넘어갈 수 없는 국물의 맛.
이 맛이 117년을 유지한 핵심!

방문 날짜 20 . . **나의 평점**

방문 후기

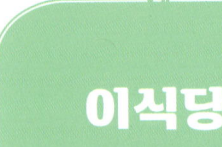

이식당

TEL. 010-6579-3551

식당 주소
서울 종로구 평창문화로 94

운영 시간
12:00-23:00
매주 일요일 휴무

주요 메뉴
한우초밥
양지국수
한우다타키

점심 특선 메뉴인 한우초밥과 양지국수. 한우초밥은 우둔살을 얹은 뒤 토치로 살짝 익혀 겉은 노릇하고 속은 촉촉하다. 3시간을 우린 육수에 생면과 양지를 넣은 양지국수는 무엇보다 간이 세지 않아 국물을 계속 마시게 된다. 동네마다 이 집처럼 개성 넘치는 가게가 많으면 좋겠다.

평창동을 찾을 이유!!

방문 날짜 20 . .   **나의 평점**

방문 후기

충무칼국수

TEL. 02-743-1966

식당 주소
서울 종로구 창경궁로 123-5

운영 시간
11:30-21:00
토요일 11:30-16:00
매주 일요일 휴무

주요 메뉴
칼국수, 보쌈
굴무침, 칼만두

새로운 음식을 발견했을 때 느끼는 짜릿함과 기쁨은 이루 말로 다 표현할 수 없지만, 익숙하고 친숙한 음식을 입에 넣었을 때 느끼는 기쁨도 그에 못지 않다. 바지락 넣어 시원한 칼국수, 뜨끈한 보쌈과 새콤한 굴무침의 조합은 평생을 먹어 왔지만, 어째서 매번 위로를 받고야 만다.

뭐니 뭐니 해도
든 따시고 배부른 것이
최고입니다.

방문 날짜 20 . .   나의 평점

방문 후기

덕성각

TEL. 02-2265-2626

오랜만에 보는 플라스틱 젓가락과 추억의 완두콩 세 알, 큼직큼직한 채소와 튀긴 감자를 사정없이 넣은 옛날 짜장 맛에 예전 생각이 파도처럼 밀려온다. 65년 역사가 보여주는 농익은 단맛은 여느 집과 확실히 다르구나. 뻘건 색에 칼칼하고 진득한 짬뽕도 명불허전이다.

식당 주소

서울 종로구 종로 258, 2층

운영 시간

11:00-20:00
토요일 11:00-17:00
매주 일요일 휴무

주요 메뉴

옛날짜장
고추짬뽕

방문 날짜 20 .   .   .   나의 평점

방문 후기

신명먹거리

TEL. 02-464-8075

내놓은 대로 먹으라는 주인장의 배포가 느껴지는 밥상. 7,000원에 13가지 반찬이면 집에서도 이렇게 못 해 먹는다. 하나하나 정성 가득한 반찬을 만들기 위해 16년째 새벽 3시에 출근하고 있단다. 사람들이 먹고 맛있다고 해주면 그저 행복하다는 주인장 마음이 따뜻하다.

식당 주소
서울 성동구 왕십리로5길 19

운영 시간
05:40-18:00
매주 일요일 비정기적 휴무

주요 메뉴
백반, 된장찌개
김치찌개, 비빔밥

방문 날짜 20 .   .   .   나의 평점 🍚🍚🍚🍚🍚

방문 후기

왕십리 정부네곱창
TEL. 02-2298-0595

식당 주소
서울 성동구 고산자로 287

운영 시간
12:00-23:00
매주 월요일 휴무

주요 메뉴
연탄양념막창
연탄소금막창

37년간 곱창만 구웠다. 생곱창을 삶지 않고 연탄불에 직화로 구워 잡내를 제거하는 게 이 집의 비법. 이렇게 초벌로 익혀 나온 덕에 손님들은 금방 구워 먹을 수 있어 좋다. 쫄깃쫄깃 씹는 맛이 어찌나 훌륭한지 이 집이 괜히 곱창 골목을 주름잡고 있는 게 아니라는 생각이 든다.

음식은 사랑하는 사람의 도움이다.

방문 날짜 20 . . **나의 평점**

방문 후기

갈비탕집

TEL. 02-2293-2292

식당 주소
서울 성동구 청계천로10가길 10-7

운영 시간
09:00-15:00
매주 일요일 휴무
(재료 소진 시 조기 마감)

주요 메뉴
갈비탕
칼국수

어떻게 서울 한복판에 이런 집이 있나? 가게 밖엔 간판 하나 달려 있지 않고, 내부는 또 가정집 같다. 투박한 김치 반찬에 갈비와 당면, 국물이 전부인 갈비탕이지만, 한 입 떠먹으면 숟가락 얕은 것을 아쉬워하게 되는 맛이다. 유명해질까 걱정하는 단골들 마음을 알겠다.

시간이 멈춘듯 허름한 실내도 밉지 않고 푸근합니다.
사람이나 음식이나 겉보다는 속입니다.

방문 날짜 20 .   .   나의 평점

방문 후기

백송

TEL. 010-9295-6292

식당 주소
서울 중구 다산로33다길 45

운영 시간
17:00-22:50
주말 15:00-22:50

주요 메뉴
서댓살, 한우짝갈빗살
갈비탕, 칼국수

길 옆 쇼윈도에 걸어둔 갈비 세 짝에 눈이 휘둥그레졌다. 만약 지나가다가 이곳을 보았대도 지나치지 못했겠지. 이렇게 눈으로 먼저 확인했으니, 고기 맛도 없을 수가 없겠다. 부드러운 육즙 주머니를 입 속에서 터트렸나 싶은 갈빗살은 홍콩식 굴소스에 찍어 먹으면 감탄이 나온다.

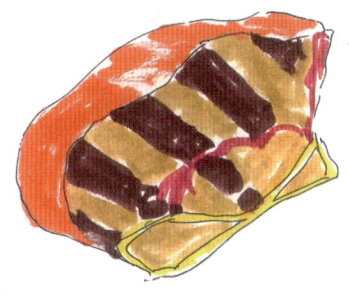

다양한 갈비 짝의 맛을 한 곳에서 느낄 수 있는 집입니다.
시작은 짧지만 자신감이 꽈악 차 있는 곳입니다.

방문 날짜 20 . .	나의 평점
방문 후기	

어머니 대성집

TEL. 02-923-1718

식당 주소
서울 동대문구 왕산로11길 4

운영 시간
00:00-00:00
일요일 00:00-15:00

주요 메뉴
해장국
등골

시어머니 방식 그대로 만든 서울식 해장국. 투명한 국물에 잘게 다진 양짓살, 우거지, 콩나물, 선지, 토렴한 밥이 푸짐하게 들었다. '맑으면서 진하다'는 말은 이곳을 두고 하는 말이 아닐까. 소고기 좀 아는 사람들은 등골(소의 척추뼈 속 신경 다발)도 꼭 먹어봐야 한다.

해장국의 끝은 어디일까요?
계속 진화하고 있습니다.

방문 날짜 20 . .   **나의 평점** 🍚🍚🍚🍚🍚

방문 후기

섬집

TEL. 02-794-0087

식당 주소
서울 용산구 한강대로14가길 3

운영 시간
11:30-22:00
매주 일요일 휴무

주요 메뉴
참게꽃게매운탕, 와다비빔밥
간장게장, 참게게장

엄마의 마음으로 메뉴를 하나둘씩 넣다 보니 20개가 되었단다. 내장의 짭짤함과 달걀의 부드러움이 기가 막히게 어우러지는 고노와다(この わた, 해삼 내장으로 만든 일본식 젓갈)비빔밥도, 참게와 꽃게가 같이 들어간 매운탕도 참 맛깔지다. 재료의 조화란 무엇인가 좀 아는 집이다.

승부는 맨 처음 등장한 굴젓김치로 끝났습니다.
용산 주인들, 이런 집이 있어서 행복하시겠어요.

방문 날짜 20 . .   **나의 평점** 🍚🍚🍚🍚🍚

방문 후기

용산양다리

TEL. 02-712-6238

식당 주소
서울 용산구 원효로41길 15, 1층

운영 시간
12:00-23:00

주요 메뉴
양다리구이(전화 예약 필수)
고급양갈비
마라탕

초벌로 20분 구운 호주산 램(ram) 다리 하나가 식탁 위에 등장했다. 겉은 바삭, 속은 쫄깃하며 양고기를 잘 못 먹어도 괜찮게 먹을 수 있을 만큼 냄새가 부담스럽지 않다. 먹고 남은 고기로 끓여주는 마라탕은 한국식으로 요리해 시원하고 칼칼한 것이 마무리로 딱이다.

너희는 양다리   걸치지 마라!

방문 날짜 20 . .   **나의 평점** 🍚🍚🍚🍚🍚

방문 후기

영덕식당

TEL. 02-794-2155

식당 주소

서울 용산구 한강대로62나길 14

운영 시간

10:00-22:00
주말 휴무

주요 메뉴

막회, 물회밥
회덮밥, 가자미찌개

얇게 썬 배와 오이, 고추, 미나리가 들어간 영덕식 막회. 막 썰어 먹는다는 '막회'라는 이름을 붙이기 민망할 정도로 하나의 엄선된 요리 같다. 살얼음을 산처럼 쌓아 마치 빙수 같은 물회밥은 찬물을 만나 쫀득해진 밥과 은은한 양념의 조화가 엄지 척. 용산에서 영덕을 만났구나!

앉은 곳은 용산이지만
영덕의 방파제에 앉아 있는 분위기입니다.
물회밥이 그만이었습니다.

방문 날짜 20 . .   **나의 평점** 🍚🍚🍚🍚🍚

방문 후기

맹돌이생선구이 쌈밥전문점

TEL. 02-491-8221

생선구이를 쌈 싸 먹는 독특한 집. 삼삼한 삼치, 고소한 조기, 기름진 고등어, 짭짤한 갈치 모두 복분자로 숙성해 전혀 비리지가 않다. 특히 고등어를 갈아 만든 생선쌈장은 이 집의 비기. 상추 위에 잘 바른 생선 살 올리고 영양돌솥밥 한 숟가락, 구수한 생선쌈장이면 완벽한 조화다.

식당 주소
서울 중랑구 용마산로115길 59

운영 시간
11:00-22:00
매주 수요일 휴무

주요 메뉴
생선구이쌈밥, 생선구이정식
임연수어쌈밥, 제육볶음쌈밥

방문 날짜 20   .   .   나의 평점

방문 후기

태릉 배밭갈비

TEL. 02-973-9292

배 밭이 넓게 펼쳐져 있던 태릉은 예로부터 갈비로 유명했던 지역이다. 양념에 배를 듬뿍 넣어 자연 단맛을 내고, 참나무 백탄으로 노릇하게 구운 갈비는 단맛 좋아하는 요즘 젊은이들 입맛을 사로잡았다. 입이 좀 달다 싶을 땐 서비스로 나온 매콤한 고추장찌개 한 입이면 개운하다.

식당 주소
서울 중랑구 동일로143길 30

운영 시간
11:30-22:00
매주 화요일 휴무

주요 메뉴
소왕갈비, 돼지왕갈비
전통갈비, 우거지갈비탕

방문 날짜 20   나의 평점

방문 후기

묵동 부대찌개

TEL. 02-974-4866

식당 주소
서울 중랑구 공릉로 42

운영 시간
10:00-21:00
매주 토요일 휴무

주요 메뉴
부대찌개

35년 부대찌개 외길을 걸어온 집. 식탁 위에는 부대찌개와 무김치 하나가 전부이지만, 오히려 부대찌개에 대한 자신감이 느껴질 뿐이다. 특히 이 집 부대찌개의 묘미는 미나리. 칼칼한 국물 한 입 마시고, 소시지에 미나리 한 줄기 싸 먹으면 아, 자신감의 이유를 알겠다.

국물 많은 의정부식보다
국물이 더 많은 부대찌개.
미나리는 핵심입니다.

방문 날짜 20 . .   **나의 평점** 🍚🍚🍚🍚🍚

방문 후기

원조닭갈비

TEL. 02-952-4956

식당 주소

서울 노원구 한글비석로36길 65

운영 시간

11:00-22:00

주요 메뉴

닭갈비(노계, 육계, 내장)
허파볶음

'노계, 육계, 내장'. 난생처음 보는 메뉴판이 먼저 눈길을 사로잡는다. 게다가 6,000원이라는 믿을 수 없는 가격까지. 노계는 생고무를 씹는 것마냥 질겨 호불호가 나뉘지만, 요 고소한 맛에 한번 중독되면 육계(영계)는 영 심심하단다. 노계야, 앞으로 널 사랑할 거 같구나.

아직 원조 찾지 못한 분, 오시오~~
영계, 노계, 육계 다 있어요~~

한우다이닝 울릉

TEL. 02-581-2235

식당 주소
서울 서초구 서운로 135

운영 시간
11:00-21:30
매주 일요일 휴무

주요 메뉴
울릉모둠구이
한우즉석양념갈비

누군가 '요즘은 소고기 어떻게 먹어야 해요?' 묻는다면 감히 이 집을 추천하고 싶다. 모던한 인테리어는 물론, 전국 각지에서 품종 좋은 소를 찾아와 3, 4주 숙성하는 것까지 요즘 소고기 먹는 트렌드를 정확히 보여준다. 소스나 곁들임도 고급스러워 한 끼 제대로 대접받은 느낌이다.

운중동 침소의 슬픈 과거를
밝은 미래로 바꾸는 곳.
숙성 쇠고기의 맛은 이런 것입니다.

방문 날짜 20 . .   나의 평점

방문 후기

삼성원조 양곱창

TEL. 02-545-8895

곱창만큼은 1등을 하고 싶었다고 말하는 주인장. 신선한 곱창만을 고집하는 데다, 어찌나 깨끗이 손질을 하는지 말로는 힘들어 죽겠다고 하지만 표정엔 숨길 수 없는 자부심이 드러난다. 크림같이 녹진한 곱이 가득 차 있는 곱창과 쫄깃쫄깃한 특양, 고소한 막창에 술꾼들 술이 모자라다.

식당 주소
서울 강남구 학동로101길 7, 1층

운영 시간
15:30-23:00
매주 일요일 휴무

주요 메뉴
곱창, 특양
염통, 볶음밥

방문 날짜 20   .   .

나의 평점

방문 후기

인천 · 경기 밥상

인천·경기

안양
호계분식 · 130
백반, 된장찌개, 김치찌개

안양감자탕 · 132
콩비지감자탕, 우거지감자탕

삼돌박이수라육간 · 134
흑소통뼈우대갈비, 한우1++차돌박이삼합세트

인천
평양옥 · 64
해장국, 갈비탕

대성불고기 · 66
육회, 등심, 치맛살, 새우젓찌개

신포동집 · 68
홍어회, 홍어회무침, 홍어애탕

용흥궁식당 · 70
젓국갈비

강화꽃게집 · 72
꽃게탕, 간장게장

수남호 · 74
농어, 감성돔, 전복치, 줄돔

현대물텀벙 · 76
아귀찜, 아귀탕

안산
팔곡가든 · 136
오리산채나물정식, 단호박오리주물럭

김종우갈매기집 · 138
生통갈매기구이, 백합칼국수

진도식당 · 140
민어지리탕, 반건조민어찜

화성
전주토속음식점 · 142
모듬생선찜, 가오리찜

뚝방집 · 144
생고기, 막창, 어죽

안성
강건너빼리 · 118
장작삼겹살, 매운탕

두꺼비스넥 · 120
오이김밥, 쫄면

한경식당 · 122
한우국밥, 냉면, 육회

빠박이생고기 · 124
한우프라임등심, 한우기막힌채끝

수원
한봉석할머니순두부 · 126
순두부정식, 순두부찌개정식

팔미옥 · 128
한우특수부위모둠 한 마리

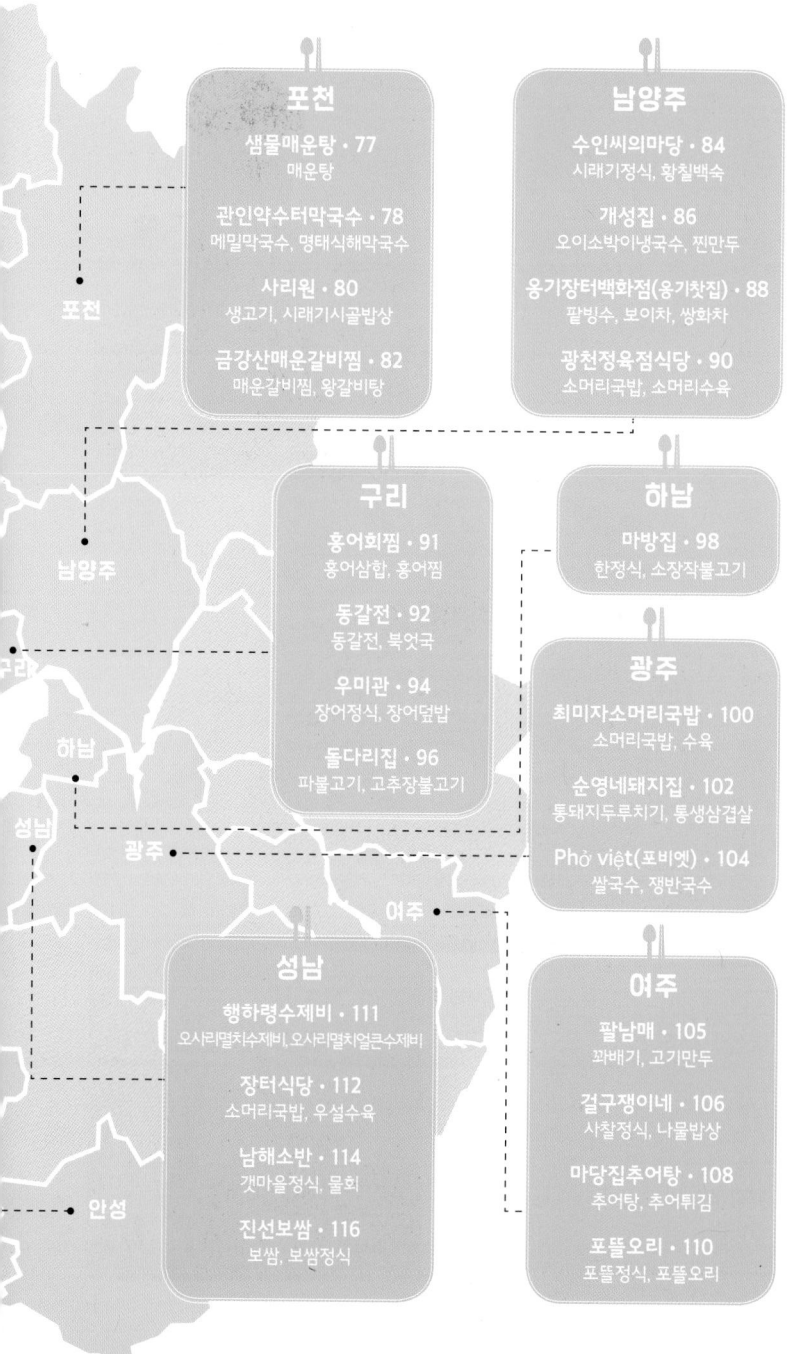

평양옥

TEL. 032-882-2972

식당 주소
인천 중구 도원로8번길 68

운영 시간
05:00-21:30

주요 메뉴
해장국
갈비탕

큼직한 마구리뼈, 진한 육향, 기름진 국물이 특징인 인천식 해장국. 한국전쟁 때 미군 부대에서 안 먹는 소뼈를 받아와 기름지게 끓여 허기진 사람들의 배를 채워주던 것이 75년이 되었다. 배고팠던 시절, 서민들의 보양식으로 이만한 음식이 있었을까.

50년대 모두가 부족했던 시절,
고기 듬뿍 넣고 기름 둥둥 떠 있는
이 해장국 먹고 살아온 인천 사람들 좋았겠네.

방문 날짜 20 .   .   **나의 평점**

방문 후기

대성불고기

TEL. 032-772-1504

식당 주소
인천 중구 신포로27번길 29-1

운영 시간
11:30-22:00
매월 첫째, 셋째 주 월요일 휴무

주요 메뉴
육회, 등심
치맛살, 새우젓찌개

메뉴 고민할 것 없다! 주인장이 알아서 그날그날 맛있는 부위로 내주는 자신감 넘치는 집. 최고 등급의 신선한 고기에 섬세한 칼질이 더해지니, 한 입 먹자마자 '아니, 왜 이렇게 다르지?'라는 말이 절로 나온다. 여기에 짭짤한 새우젓찌개까지 더하면, 입 속이 깔끔하다.

주인의 한 마디, "알아서 드립니다".
자신만만입니다.

이 집 고기구이는 進化中(진화 중)입니다.

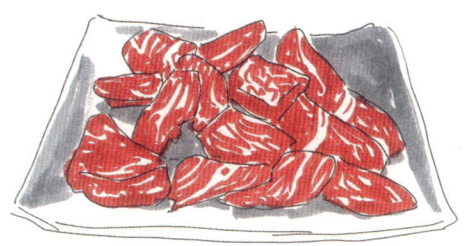

방문 날짜 20 . .   나의 평점 🍚🍚🍚🍚🍚

방문 후기

신포동집

TEL. 032-765-5516

식당 주소
인천 중구 개항로 22

운영 시간
12:00-01:00
전화 예약 필수

주요 메뉴
홍어회
홍어회무침
홍어애탕

국내 홍어 어획량의 절반을 차지할 정도로 홍어가 많이 잡히는 대청도. 덕분에 삭히지 않은 생홍어 요리를 먹기에 이만한 곳이 없다. 야들야들하고 달큰한 홍어회는 숙성한 것만을 고집해왔던 지난날을 반성하게 하는 맛. 묵은지를 넣어 비린 맛을 평정한 홍어애탕도 훌륭하다.

바보 허영만,
홍어는 목포, 나주에서만 먹는 줄 알았습니다.
이제는 인천으로 다니기로 했습니다.

방문 날짜 20 . .   나의 평점

방문 후기

용흥궁식당

TEL. 032-933-8070

식당 주소
인천 강화군 강화읍 동문안길21번길 22

운영 시간
10:30-20:00

주요 메뉴
젓국갈비

강화도 향토 음식인 젓국갈비. 맑은 국물에 돼지갈비를 넣은 모양새가 낯설었지만 새우젓으로 낸 개운한 국물 맛에 숟가락을 끊임없이 탕 속에 넣게 된다. 기름기가 적어 담백한 고기와 푹 익은 배추, 청경채를 먹다 보면 섬 바람에 얼었던 몸이 어느새 녹는다.

젓국갈비와 첫 만남입니다.
새우젓의 짭짤한 맛이 맹활약했습니다.
그리운 겁니다.

방문 날짜 20 . . **나의 평점** 🍚🍚🍚🍚🍚

방문 후기

강화꽃게집

TEL. 032-933-2010

식당 주소
인천 강화군 내가면 중앙로 1222

운영 시간
10:00-20:00
전화 후 방문 추천

주요 메뉴
꽃게탕
간장게장

영롱한 주황빛의 알이 시선을 사로잡는 간장게장. 게딱지 위에 실한 꽃게 살을 전부 꺼내 뜨뜻한 밥과 달큰한 간장 한 숟갈을 넣고 슥슥 비벼 먹으면, 밥 한 공기가 모자라다. 특히 여기 간장은 집에 포장해 가고 싶을 정도. 꽃게야, 어찌 이리 맛있게 태어나 고생이냐.

여보시게,
꽃게는 그렇게 먹는 법이 아닐세.
양손으로 잡고 툭툭 뜯어서 꼭꼭 씹고 쪽쪽 빨아야
제맛일세.

방문 날짜 20   .   .   나의 평점

방문 후기

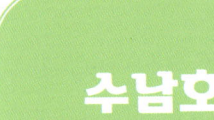

수남호

TEL. 032-937-3728

식당 주소
인천 강화군 길상면 해안동로 96-18

운영 시간
전화 후 방문 추천

주요 메뉴
농어, 감성돔
전복치, 줄돔

남편과 아들이 농어를 잡아오면 아내가 요리한다. 어부들이 먹던 방식 그대로 내온 막회는 투박하고 두껍게 썰어 씹는 맛이 그만이다. 소금만 뿌린 농어구이도 고소하니 맛있고, 진하다 못해 걸쭉한 농어탕은 그야말로 엄지 척. 서해안 낙조를 바라보며 먹는 농어 맛을 누가 이기랴.

여름 농어는 길고 더운 날들을 견디게 합니다.
올 여름 잘 보냈습니다.

방문 날짜 20 . .   나의 평점 🍚🍚🍚🍚🍚

방문 후기

현대물텀벙

TEL. 032-766-3693

인천에서 아귀를 부르는 말, '물텀벙'. 마산식 아귀찜이 건조한 아귀와 매콤한 양념을 쓰는 데 반해, 인천식 아귀찜은 생아귀에 맵지 않은 양념을 사용한다. 덕분에 고소한 애(간)와 쫄깃한 대창을 즐길 수 있는 게 이 집의 매력. 아귀찜 초보자에게 이만한 곳이 없다.

식당 주소

인천 동구 샛골로 140

운영 시간

11:00-22:00

주요 메뉴

아귀찜
아귀탕

방문 날짜 20 . .   **나의 평점** 🍚🍚🍚🍚🍚

방문 후기

샘물매운탕

TEL. 031-533-6880

육질 탱탱한 한탄강 민물고기로 요리한 매운탕. 쏘가리, 메기, 모래무지, 동자개, 꺽지 등 쫀득쫀득한 생선 살 발라먹는 맛이 쏠쏠하다. 이렇게 한탄강이 다 들어갔는데도 국물은 꼭 동태탕마냥 맑은 것이 특징. 종래에 먹었던 민물매운탕을 잊게 만든다.

식당 주소
경기 포천시 관인면 찬우물길 85

운영 시간
11:00-19:00

주요 메뉴
매운탕

방문 날짜 20 .   .   .   **나의 평점** 🍚🍚🍚🍚🍚

방문 후기

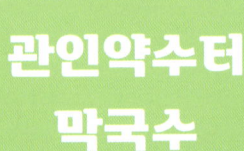

관인약수터 막국수
TEL. 031-531-7766

식당 주소
경기 포천시 관인면 창동로 1681

운영 시간
10:30-20:00
전화 후 방문 추천
(재료 소진 시 조기 마감)

주요 메뉴
메밀막국수
명태식해막국수
사골메밀칼만두국

암반 150m 아래 약수로 육수를 낸 막국수. 담백하면서도 시원한 국물 한 사발에 여름 더위는 벌써 어디로 갔나 모르겠다. 매일 아침 직접 제분해서 만드는 면은 메밀 껍질이 들어가 거칠면서도 고소한 맛. 한 달 숙성한 명태회를 넣은 빨간 막국수도 별미다.

잔기술 쓰지 않고
도시 음식에 전혀 뒤떨어지지 않는 맛!
막국수의 거친 듯하면서도 향기를 폭 머금은 맛!

방문 날짜 20   나의 평점

방문 후기

사리원

TEL. 031-531-2100

식당 주소
경기 포천시 창수면 포천로 2518

운영 시간
06:30-21:00

주요 메뉴
생고기
시래기시골밥상

20년 된 무쇠팬에 생등심을 구워 먹는 곳. 열전도율이 높은 무쇠를 센 불에 올려 육즙을 가둔 덕일까, 한우 본연의 맛이 제대로 느껴진다. 고기를 다 먹은 뒤, 기름기 좔좔 흐르는 무쇠팬에 직접 빚은 된장으로 만든 시래기된장국을 끓여 먹는 게 이 집의 하이라이트다.

이 집 음식은
뒷마당의 많은 장독에서 시작됩니다.
'장맛이 좋아야 집안이 바로 선다'라는
옛말의 표본입니다.

방문 날짜 20 . .   **나의 평점** 🍚🍚🍚🍚🍚

방문 후기

금강산 매운갈비찜

TEL. 031-534-7750

식당 주소
경기 포천시 일동면 수입로 348

운영 시간
09:00-20:00
매주 월요일 휴무

주요 메뉴
매운갈비찜
왕갈비탕

군인들이 즐겨 찾는 맛집답게 화끈한 양념을 사용한 갈비찜. 칼칼한 양념에 갈빗살이 푸짐하게 들었으니, 군인들 스트레스 풀기에 이만한 음식이 있을까. 잘 삶아진 갈비는 젓가락을 대기만 해도 살점이 뚝뚝 떨어지고, 매콤 달달한 양념은 면을 넣어 먹으면 마무리로 제격이다.

매운맛이 이 정도면

다음엔 더 매운맛에 도전하겠어?

(다음날 아침 화장실에서 힘들었습니다.)

방문 날짜 20 . .   나의 평점

방문 후기

주인찌의 마당
TEL. 031-573-0980

식당 주소
경기 남양주시 덕릉로 1115-49

운영 시간
11:30-21:00

주요 메뉴
시래기정식
황칠백숙

주부들 사이에서 벌써 입소문이 자자한 식당. 직접 농사지어 만드는 반찬과 달지 않아 좋은 황태구이가 식당의 실력을 짐작게 한다. 이어서 나온 시래기밥, 시래깃국, 된장시래기무침, 시래기전까지…. 질기지 않고 부드러운 시래기 요리에 '아유, 맛있다' 소리를 자꾸 내게 된다.

'옆집 시장갈 때 시래기 들고 따라나선다'라는 말이 있듯, 시래기 먹지 않고 큰 한국인은 없습니다.

방문 날짜 20 . .   나의 평점

방문 후기

개성집
TEL. 031-576-6497

식당 주소
경기 남양주시 와부읍 경강로 876

운영 시간
10:00-20:30
(주말 브레이크 타임 없음)

주요 메뉴
오이소박이냉국수
찐만두

개성 출신 할머니의 비법을 물려받아 음식을 만드는 곳. 얼음이 빙수처럼 한가득 쌓여 나오는 오이소박이국수는 자연스러운 단맛과 오이소박이의 풋풋한 맛이 밀가루 국수와 기가 막히게 어우러진다. 두부와 큼지막하게 썬 채소가 들어간 개성만두도 놓치지 말아야 하는 맛이다.

유태인은 고기 잡는 법을 가르쳤죠.
이 댁 할머니의 가르침은 입맛 내림이었습니다.

방문 날짜 20 . .   **나의 평점**

방문 후기

옹기장터백화점
(옹기찻집)
TEL. 031-592-8839

식당 주소
경기 남양주시 화도읍 북한강로 1619

운영 시간
08:00-22:00
매주 화요일 휴무

주요 메뉴
팥빙수
보이차
쌍화차

커다란 옹기와 아기자기한 도자기가 옹기종기 모여 있는 곳. 높다란 팥빙수 모양새에 남양주에 한라산이 있구나 했다. 얼음이 잘 녹지 않도록 만드는 게 사장님의 비법이라는데, 하긴 비법이 대수인가. 맛있으면 그만이지! 팥빙수 먹고 뜨끈한 쌍화차 한 잔 마시면 천상 조합이다.

이런 설산이 앞에 놓였다면 35도면 어떨고, 40도면 무슨 상관이랴!

방문 날짜 20 . . **나의 평점** 🍚🍚🍚🍚🍚

방문 후기

광천정육점 식당

TEL. 031-527-7002

100년 역사를 자랑하는 노포. 돼지껍데기무침 같은 할머니 스타일의 반찬에 먼저 젓가락이 간다. 소머리수육 속 우설은 부드러워 살살 녹고, 뺨은 쫄깃쫄깃, 볼살은 탱글탱글해 골라 먹는 재미가 있다. 소머리 우린 육수를 부어가며 먹는 주물럭도 달지 않아 술술 먹힌다.

식당 주소
경기 남양주시 진접읍 광릉내로 52

운영 시간
10:00-19:00
매주 월요일 휴무
(재료 소진 시 조기 마감)

주요 메뉴
소머리국밥
소머리수육
소고기주물럭

방문 날짜 20

나의 평점

홍어회찜

TEL. 031-562-3627

볏짚에서 숙성해 은은한 맛이 포인트인 이 집 홍어회. 구리 사람들 입맛에 맞춰 한 달 정도만 숙성해 초보자가 먹기에도 좋다. 센 홍어 아니라고 아쉬워할 마니아에게는 홍어찜이 기다리니 실망은 금물. 코가 쩡하게 울리는 홍어찜에 '아이고, 드디어 님이 오셨군요' 하게 된다.

식당 주소
경기 구리시 안골로57번길 14-9

운영 시간
12:00-23:00

주요 메뉴
홍어삼합
홍어찜
홍어무침

방문 날짜 20   .   .   나의 평점

방문 후기

동갈전

TEL. 031-554-2969

식당 주소
경기 구리시 아차산로 411

운영 시간
09:00-21:00
매주 일요일 휴무

주요 메뉴
동갈전
북엇국

주인장 어릴 적 어머니가 해주셨던 방식 그대로 만든 동갈전. 처음 들어보는 이름에 뭔가 했더니 동태뼈전이란다. 동태도 부위별로 맛이 다르다는데, 뼈 옆에 붙은 살을 갈비 뜯듯 먹다 보니 그 말을 알겠다. 뽀얗고 맑아 종래의 북엇국과 다른 이곳 북엇국도 꼭 먹어봐야 할 메뉴다.

무심코 먹었던 동태전.
배, 등, 꼬리가 제각기 맛이 다르다는 걸 공부했습니다.

방문 날짜 20 . .   나의 평점

방문 후기

우미관

TEL. 02-447-2848

식당 주소
경기 구리시 아차산로 57

운영 시간
12:00-20:00
매주 화요일 휴무
(재료 소진 시 조기 마감)

주요 메뉴
장어정식
장어덮밥
장어구이

옛날엔 한강에서 장어를 잡아 팔았다는 사실을 아시는가. 여기도 그중 하나로, 이제는 경기도로 이사 왔지만 그때부터 장어를 팔았던 역사와 경험은 여전히 이어지고 있다. 어떻게 하면 이렇게 탱탱하고 쫀득하게 요리할 수 있을까 싶은 이 집 장어는 감히 타의 추종을 불허한다.

이 집의 역사는 깊습니다.
광나루 다리 밑에서 쪽배에 풍로 놓고
장어 구워 먹었던 기억을 건드리고 앉았습니다.
끄어억~~

방문 날짜 20 . . **나의 평점** 🍚🍚🍚🍚🍚

방문 후기

돌다리집

TEL. 031-562-2882

식당 주소
경기 구리시 경춘로248번길 17

운영 시간
11:30-01:00

주요 메뉴
파불고기
고추장불고기
초벌삼겹살

고기 위에 파채를 듬뿍 얹은 뒤, 넓은 그릇을 얹어 꾹꾹 눌러 고기에 파향을 입힌다. 그 모양 그대로 뒤집어서 들고 오니, 첫인상은 파전이 왜 여기 있나 했다. 하지만 모든 일엔 이유가 있는 법. 은은한 대파 향기와 특유의 단맛이 제대로 밴 불고기에 고개가 끄덕여진다.

'돌다리도 두드리고 건너라'라는 옛말이 있죠.
이 집와서 돌다리 두들기면 주걱에 볼따귀 맞아갑니다.

방문 날짜 20 . . 나의 평점

방문 후기

마방집

TEL. 031-791-0011

식당 주소
경기 하남시 하남대로 674
(가게 이전 예정, 방문 전 문의 필수)

운영 시간
11:00-21:30
주말 휴무

주요 메뉴
한정식
소장작불고기
보김치

100년 전통의 나물 백반집. 아무리 음식 값을 낸다고 해도 남는 게 있나 싶을 정도로 찬이 많이 나온다. 간이 심심해 재료 본연의 맛을 느끼기 좋은 곳. 해물과 곡류를 넣어 김치로 감싼 음식인 '보김치'가 특색 메뉴다. 재개발로 내년에 자리를 이동한다 하니 잘 살펴보고 가자.

라일락 꽃 향기가 반갑지만은 않습니다.
100년 역사의 이곳이 도시계획자의 선을 피하지 못하고
내년에 이전한답니다. 흑흑

방문 날짜 20 .   나의 평점

방문 후기

최미자 소머리국밥

TEL. 031-764-0257

식당 주소
경기 광주시 곤지암읍 도척로 58

운영 시간
06:00-19:30
매주 월요일 휴무
(재료 소진 시 조기 마감)

주요 메뉴
소머리국밥
수육

곤지암의 명물 소머리국밥. 소머리국밥 거리에서도 원조격인 이곳을 벌써 20년째 다니고 있다. 누린내나 느끼함 하나 없이 경쾌한 국물과 담백한 고기는 정말이지 혼자 먹기 아까운 맛. 뜨거운 국물 속 밥알이 퍼지기도 전에 입 속으로 넣고 만다. 흠잡을 것이 없는 곳이다.

이 국밥은 한결 같은 맛을 유지하고 있지만
떠먹고 있는 동안 내내
최미자 씨의 건강이 염려스러웠습니다.
쾌차 기원!!

방문 날짜 20   .   .   **나의 평점** 🍚🍚🍚🍚🍚

방문 후기

순영네 돼지집

TEL. 031-767-7075

식당 주소
경기 광주시 오포읍 오포로520번길 13

운영 시간
10:30-22:00
(주말 브레이크 타임 없음)

주요 메뉴
통돼지두루치기
통생삼겹살

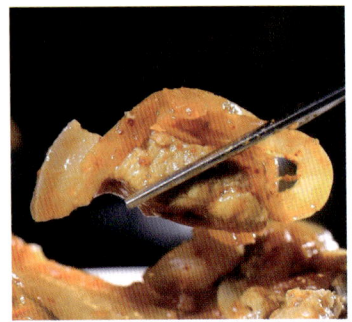

양파, 김치, 돼지고기가 전부인 통돼지두루치기. 단출한 재료에 과연 맛이 있을까 싶었지만, 15분 넘게 끓이다 보니 푹 익은 양파에서 단맛이 나와 자칫 강할 수 있는 두루치기 맛을 부드럽게 감싸준다. 이렇게 훌륭한 요리를 만들다니 양파, 너 대단한 녀석이었구나.

2인분에 16,000원. 가성비 최고입니다.

방문 날짜 20 .   **나의 평점**

방문 후기

Phở việt (포비엣)

TEL. 031-767-1760

식당 주소
경기 광주시 경안로41번길 1

한국살이 10년차 베트남 새댁이 운영하는 가게. 이곳 필수 메뉴인 쟁반국수는 쌀국수 면과 두부튀김, 베트남식 찹쌀 햄, 순대, 돼지 심장을 짭짤한 새우젓 소스에 찍어 먹는 요리다. 한 젓가락 집어서 먹으면 어딘가 친숙하면서도 낯선 맛에 전에 갔던 베트남 여행이 떠오른다.

운영 시간
10:00-19:00
매주 월요일 휴무

주요 메뉴
쌀국수
쟁반국수
베트남식 오뎅쌀국수

방문 날짜 20

나의 평점

방문 후기

팔남매

TEL. 010-3229-1918

식당 주소
경기 여주시 여흥로11번길 57

요즘 세상에도 500원으로 먹을 수 있는 음식이 있다. 직접 반죽해 쫄깃함 자랑하는 꽈배기는 도무지 가격이 믿기지 않는 맛. 뜨겁게 올라오는 김을 쐬며 먹는 만두는 옛 생각이 나게 한다. 다들 배부르더라도 꽈배기 하나, 만두 하나 들어갈 공간 정도는 남겨둡시다.

운영 시간
10:00-19:00
매주 일요일 휴무

주요 메뉴
꽈배기
고기만두
김치만두

방문 날짜 20   .   .

나의 평점 🍚🍚🍚🍚🍚

방문 후기

결구쟁이네

TEL. 031-885-9875

식당 주소
경기 여주시 강천면 강문로 707

운영 시간
09:00-21:00
라스트 오더 18:00

주요 메뉴
사찰정식
나물밥상

나물로 밥상을 평정했다. 특히 취나물, 곤드레나물은 지금까지 수도 없이 먹었는데 그간 먹었던 맛을 찾을 수 없을 정도로 재료 본연의 맛을 잘 살렸다. 15년 묵은 된장으로 끓인 된장국은 밥상의 하이라이트. 맛 좀 아는 사람이라면 사랑할 수밖에 없다. 아유, 맛있어서 미치겠다.

찬 하나하나 개성 있는 맛이
머릿속을 꽉 채웠습니다.
이럴 때 나그네는 없던 기운이 생깁니다.

방문 날짜 20 . .   나의 평점 🍚🍚🍚🍚🍚

방문 후기

마당집 추어탕

TEL. 031-882-5017

식당 주소
경기 여주시 우암로 23

운영 시간
11:00-19:00
매주 일요일 휴무
(토요일 브레이크 타임 없음)

주요 메뉴
추어탕
추어튀김

까다로운 여주 사람들 입맛을 30년 넘게 만족시키고 있는 집. 다른 데보다 걸쭉한 국물이 특징인 이곳 추어탕은 사골로 육수를 내고, 통미꾸라지와 간 미꾸라지를 넣어 맛을 업그레이드했다. 생미꾸라지에 튀김가루만 살짝 입혀 튀긴 추어튀김도 바삭하고 고소한 것이 별미다.

좋은 음식은 악장을 만들지 않는다.
좋은 음식이 많아야 지구가 조용해진다.

방문 날짜 20 . .   나의 평점

방문 후기

포뜰오리

TEL. 010-9060-4636

식당 주소
경기 여주시 여주남로 300-16

이런 오리구이는 난생처음 본다. 가슴살과 다릿살을 기다랗게 포를 떠 삼겹살 같은 모양새. 덕분에 노릇노릇하게 구워져 고소한 껍질 맛을 원 없이 즐길 수 있다. 여기에 우렁쌈장을 얹어서 쌈을 싸 먹으면 훨씬 재밌는 맛. 짧게 썰어서 먹는 오리고기보다 더 정돈된 맛이다.

운영 시간
11:00-21:00
매주 월요일 휴무

주요 메뉴
포뜰정식
포뜰오리

방문 날짜 20 .   .   .

나의 평점

방문 후기

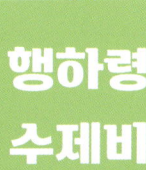

행하령 수제비

TEL. 031-716-2335

줄 서서 먹는 수제비집이 있다니. 10년간 수제비만 연구했다는 사장님 말처럼, 일 년 중 영양분이 가장 풍부할 때 잡은 '오사리 멸치'로 낸 육수는 달고 깊음이 확실히 남다르다. 그저 국물 한 모금 했을 뿐인데, 언젠가 저 긴 줄 뒤에 서 있을 내 모습이 벌써 그려진다.

식당 주소
경기 성남시 분당구 성남대로144번길 14

운영 시간
11:30-20:00

주요 메뉴
오사리멸치수제비
오사리멸치얼큰수제비

방문 날짜 20   .   .   나의 평점

방문 후기

장터식당
TEL. 031-721-0176

식당 주소
경기 성남시 중원구 둔촌대로83번길 2

운영 시간
10:00-21:00
라스트 오더 20:00
매주 일요일 휴무

주요 메뉴
소머리국밥
우설수육

한국인의 패스트푸드는 단연코 소머리국밥이 아닐까. 금세 나온 뚝배기 속에 우설, 볼때깃살, 콧잔등살 등 건더기가 넉넉히 들었다. 이 나쁜 어른들도 먹을 수 있을 만큼 부드럽게 씹히는 고기는 세 가지 소스에 찍어 먹고, 맑은 국물은 뚝배기째 들고 마시면 세상 부러울 것이 없다.

환장할 일입니다.
이런 소머리국밥을 지척에 두고 이제야 찾았습니다.
끄어억~~

방문 날짜 20 . .   **나의 평점** 🍚🍚🍚🍚🍚

방문 후기

남해소반

TEL. 031-719-9199

식당 주소
경기 성남시 분당구 내정로165번길 38, 2층

운영 시간
11:30-21:30
매주 일요일 휴무

주요 메뉴
갯마을정식
물회

15년간 매일 아침 남쪽에서 식재료를 받아온다. 신선한 재료를 제일 중요시 여기는 주인장 고집이 다시마채무침, 꼬시래기무침, 청각무침 같은 반찬에서 전부 느껴진다. 양념을 과하게 쓰지 않아 전어 맛 살아 있는 무침도 훌륭하고, 뽀얗고 꼬수운 서더리탕도 일품이다.

'소반'은 작은 밥상이란 뜻인데,
맛은 대궐에서 차린 임금님 밥상입니다.

방문 날짜 20 . .   나의 평점

방문 후기

진전보쌈

TEL. 031-747-1651

식당 주소
경기 성남시 수정구 산성대로295번길 9-1

운영 시간
11:00-21:00
매주 월요일 휴무

주요 메뉴
보쌈
보쌈정식

신발 벗고 들어와 식탁에 앉는 집은 참 오랜만이다. 옛 생각 나게 하는 분위기에 추억 여행도 잠시, 금세 보쌈정식이 나온다. 정갈한 반찬과 촉촉하고 야들야들한 보쌈을 먹다 보면 8,000원에 이런 음식이 가능한가 싶다. 특히 굴 들어간 보쌈김치와 고기는 환상의 조합이다.

8,000원짜리 백반에 보쌈까지….
고맙습니다. 사랑합니다~

방문 날짜 20 . . 나의 평점

방문 후기

강건너빼리

TEL. 031-671-0007

식당 주소
경기 안성시 금광면 가협1길 121-54

운영 시간
10:30-21:00
매주 화요일 휴무

주요 메뉴
장작삼겹살
매운탕(메기, 새우, 잡어, 빠가사리)

선착장에서 벨을 누르면 오는 배를 타고 금광 호수를 건너야만 갈 수 있는 식당. 맛깔나는 주인장 음식 솜씨에 메인 음식이 나오기도 전에 반찬을 다 비워버렸다. 불 맛 나는 삼겹살을 직접 재배한 채소에 싸먹는 것도 맛있고, 민물 새우로 끓인 시원한 매운탕도 훌륭하다.

강 건너 밭두렁의 냉이 향기,
열은 집간장에 무쳐 봄의 깊어짐을 알리네.
주문한 음식이 나오기 전에 반찬 그릇을 비운 것은
이 집이 처음이라네.

방문 날짜 20   **나의 평점**

방문 후기

두꺼비스넥

TEL. 031-674-3039

식당 주소
경기 안성시 안성맞춤대로 1068

운영 시간
09:00-19:30
매주 일요일 휴무

주요 메뉴
오이김밥, 쫄면
떡볶이, 칼국수

겉보기에는 별다를 것 없어 보이는 김밥이라 도대체 뭐가 달라 41년을 버텼나 봤더니, 역시 세월을 견딘 힘은 아무 데서나 나오는 것이 아니었다. 12시간을 절여 아삭아삭, 꼬독꼬독 씹히는 오이가 이 집 김밥의 하이라이트. 덕분에 무슨 김밥이 이렇게 시원할 수가 있나 싶었다.

이렇게 예쁜 김밥 처음입니다.
오이의 아삭거림이 아직도 입에 남아 있습니다.
안성의 내년 자존심입니다.

방문 날짜 20 .   나의 평점

방문 후기

한경식당

TEL. 031-676-7377

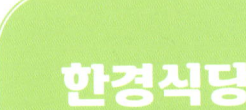

식당 주소
경기 안성시 중앙로372번길 21

운영 시간
07:00-19:00

주요 메뉴
한우국밥
냉면
육회

안성 시장이 자랑하는 6,000원 한우국밥. 기름 둥둥 떠 있는 국물을 한 수저 떠먹으면 입 안엔 구수하고 달콤한 맛이 가득 찬다. 선지는 비린 맛 하나 없이 고소하고, 푹 익은 사태와 양지는 입에서 녹는다. 안성 쌀에다 안성 소고기까지, 안성을 느끼기에 이만한 곳이 있을까.

국밥 6,000원에 주인장의 정은 덤입니다.
안성 시장의 꽃입니다.

방문 날짜 20 . .   **나의 평점**

방문 후기

빠박이 생고기

TEL. 031-677-7231

식당 주소

경기 안성시 중앙로399번길 42

운영 시간

17:30-22:00
토요일 12:00, 일요일 16:00 오픈
라스트 오더 21:00, 매주 화요일 휴무

주요 메뉴

한우프라임등심
한우기막힌채끝
한우스페셜모둠

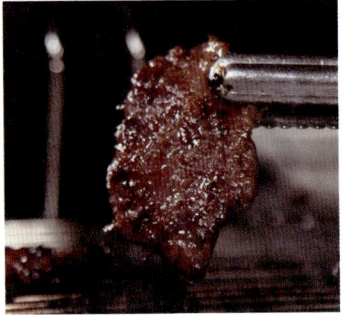

기름장과 육장에 찍어 먹는 치맛살 생고기. 쫀득쫀득하지만 부드럽고, 또 질길까 하지만 질기지 않은 생고기가 참 매력적이다. 한참 씹다 보면 단맛까지 올라오니 아, 오늘 고기는 다 먹었다 싶었다. 그런데 20일 숙성한 업진살 구이를 한 입 먹자마자, 다시 젓가락을 제대로 잡았다.

기행 때마다 배웁니다.
생고기는 당일에 먹는 것과 하루 숙성 후 먹는 것.
이 집은 당일일까요, 하루 뒤일까요.

방문 날짜 20 . . **나의 평점** 🍚🍚🍚🍚🍚

방문 후기

한봉석할머니 순두부

TEL. 031-241-6676

식당 주소
경기 수원시 팔달구 행궁로62번길 24-42

운영 시간
11:00-21:00
매주 수요일 휴무

주요 메뉴
순두부정식
순두부찌개정식
통두부구이

8,000원에 이게 말이 되는 밥상인가. 기본 반찬 10개에 나물 여섯 종, 찌개 두 개라니! 게다가 다 손 많이 가는 반찬이라 먹기에 미안할 정도다. 매일 새벽 직접 만든 순두부는 독야청청이라는 말이 생각나는 맛. 겉은 바삭하고 속은 촉촉하기 그지없는 통두부구이는 감동적이다.

순두부 No. 1

된장찌개 No. 1

통두부구이 특 No. 1

팔미옥

TEL. 031-245-6325

식당 주소
경기 수원시 팔달구 효원로 3-1, 2층

운영 시간
17:00-22:30
매주 일요일 휴무
전화 예약 필수

주요 메뉴
한우특수부위모둠 한 마리
한우특수부위모둠 한 접시

15년 된 불판이 식당의 세월을 보여준다. 그날그날 들어온 소고기 중 가장 맛있는 부위로 골라 주인장이 내오는 '모둠 한 접시'. 얇게 썰어 돌판에 지글지글 익혀가며 먹는 소고기는 기름기보다는 촉촉함이 더 느껴진다. 산뜻한 쪽파무침과 함께라면 몇 인분도 거뜬하다.

고기 여행은 이 집으로 끝낼까 합니다.

방문 날짜 20 . .   나의 평점

방문 후기

호계분식

TEL. 031-427-2580

식당 주소
경기 안양시 동안구 엘에스로45번길 6

운영 시간
05:00-19:00
매주 일요일 휴무

주요 메뉴
백반
된장찌개
김치찌개

이 집 음식은 맛도 맛이지만, 완전히 어머니 밥상이다. 고들빼기김치, 풀치, 홍어, 콩잎, 칠게 등 어머니가 생각나는 전라도 반찬이 눈앞에 펼쳐져 있다. 이른 시간부터 찾아오는 손님들을 위해 새벽 2시에 나와 음식을 준비한다는 주인장. 우리 어머니도 같은 마음이었을까 생각해본다.

반찬 20여 가지, 그중 고들빼기 김치,
어머니의 모습이 어른거립니다.

방문 날짜 20 . .　　나의 평점

방문 후기

안양감자탕

TEL. 031-441-2262

식당 주소
경기 안양시 만안구 장내로 143

운영 시간
11:00-24:00

주요 메뉴
콩비지감자탕
우거지감자탕

식탁에 놓인 감자탕 모양새가 종래의 감자탕 모양이 아니다. 두부 만들고 남은 비지가 아니라 콩을 갈아 만든 꾸덕꾸덕한 비지가 줄줄 흐르는 모습이 마치 빵에다 크림 잔뜩 발라놓은 듯하다. 맛도 더 고소한 것이, 기존 감자탕에서 부족했던 부분을 콩비지가 기가 막히게 채웠다.

콩비지를 넣어서 극한의 고소한 맛!
감자탕의 이유 있는 변신!

방문 날짜 20 . .   **나의 평점** 🍚🍚🍚🍚🍚

방문 후기

삼돌박이 수라육간

TEL. 031-384-4646

식당 주소
경기 안양시 동안구 평촌대로223번길 31, 2층

운영 시간
11:50-22:30
일요일 11:50-22:00

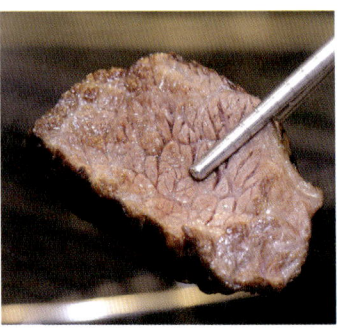

주요 메뉴
흑소통뼈우대갈비
한우1++차돌박이삼합세트

청춘의 활기가 느껴지는 거리에 젊은 주인장이 운영하는 가게. 정형도, 숙성도 직접 해 자신만만하게 내놓은 우대갈비(갈비 중간 부위를 세로로 정형한 것)는 짚불로 훈연해 풍기는 냄새부터 맛있다. 살코기와 기름이 적절히 섞인 고기 맛은 멋지다는 말이 나올 정도다.

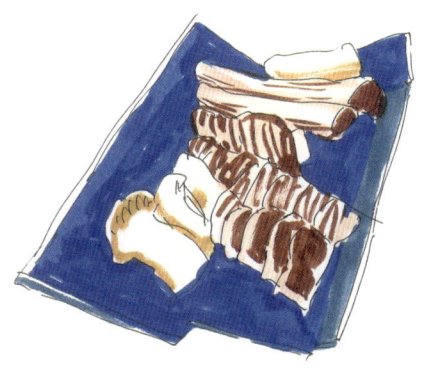

이래서는 새로운 정보가 필요하다.
이제는 골라 가야 대접받는다.

방문 날짜 20 . .	나의 평점
방문 후기	

팔곡가든

TEL. 031-407-6200

식당 주소
경기 안산시 상록구 소학2길 9

운영 시간
11:00-21:00
매주 일요일 휴무

주요 메뉴
오리산채나물정식
단호박오리주물럭

건강한 음식을 싸게 팔기 위해 직접 농산물을 키운단다. 하나같이 손 많이 가는 반찬만 내놓는다는 내 말에 슬쩍 웃는 사장님을 보니, 슬슬 웃으면서 다 해내는 스타일 같아 나도 웃음이 난다. 간장 맛이 멋진 오리구이 한 젓가락에 사과동치미 시원하게 들이켜면 더 바랄 게 있으랴.

시장 채소가 못 미더워
직접 키워서 손님 앞에 내놓는 집.
흔치 않은 곳입니다.

방문 날짜 20 . .   나의 평점

방문 후기

김종우 갈백집

TEL. 031-403-4353

식당 주소
경기 안산시 단원구 고잔2길 9

운영 시간
11:30-22:00
토요일 11:30-21:30
라스트 오더 21:00, 매주 일요일 휴무

주요 메뉴
生통갈매기구이
백합칼국수

갈매기살을 먼저 통으로 노릇하게 굽고, 그다음에 잘라서 속을 촉촉하게 익힌다. 종래에 알던 갈매기살은 무엇이었는가. 육즙의 창고인양 입안에서 축축 흘러나오는 즙에 양 엄지를 올리게 된다. 후식 백합칼국수는 족타 반죽한 면에 시원한 국물까지. 아, 부족한 것이 없습니다.

항상 음식을 마주했을 때 고마움을 느낄 수 있는 것은 새로운 맛을 찾았을 때입니다.

이 집이네요.

방문 날짜 20 . .   **나의 평점** 🍚🍚🍚🍚🍚

방문 후기

진도식당

TEL. 031-402-8262

식당 주소
경기 안산시 단원구 광덕대로 187

운영 시간
11:30-22:30
매월 첫째, 셋째 주 일요일 휴무

주요 메뉴
민어지리탕
반건조민어찜
갈치/병어조림

만재도 출신 사장님이 전라남도 재료로 밥상을 차린다. 걸쭉하고 뽀얀 국물의 민어지리탕은 '바다의 곰국'이 이거로구나 싶은 맛. 이런 국물은 그릇째 들고 마시는 것이 예의일 테지. 여름에 잡아 가을에 말리고 겨울에 먹은 반건조민어찜은 아침부터 술 생각 나게 만든다.

전국 어디에 있어도 제맛은 하기에
이런 단어가 생겼을 것입니다.
남도의 맛….

방문 날짜 20 . .   **나의 평점**

방문 후기

전주토속 음식점

TEL. 031-366-8312

식당 주소

경기 화성시 송산면 사강시장길 48-1

운영 시간

08:00-22:00

주요 메뉴

모둠생선찜
가오리찜
양푼생대구탕

실로 간이 훌륭한 집. 주인장 어머니가 직접 담근 장으로 끓인 청국장은 짜지 않고 담백해 숟가락질을 멈출 수가 없다. 가오리, 가자미, 코다리로 요리한 모둠생선찜도 자극적이지 않으면서 은은하게 매운 양념이 으뜸. 다음번 간 잘하는 집 만날 때까지 입에 맛이 맴돌 듯하다.

간이란 무엇인가?
이 집에 해답이 있습니다.
서로의 경계가 확실합니다.

방문 날짜 20 . .   나의 평점

방문 후기

뚝방집

TEL. 031-354-1771

식당 주소
경기 화성시 향남읍 3.1만세로 1084-5

옛날 분위기 잔뜩 풍기는 건물이 특이해 물어봤더니, 이 집에서 주인장이 태어났다고 한다. 사연 많은 건물만큼 또 하나 특이한 것은 돼지고기와 어죽이라는 조합. 연탄불로 초벌해 잡내를 잡은 생고기&막창과 시원하고 맑은 어죽이 막상 먹어보니 꽤 괜찮은 조합이었다.

운영 시간
11:00-21:00
일요일 11:00-20:00
매주 토요일, 월요일 휴무

주요 메뉴
생고기
막창
어죽

방문 날짜 20 .   .   .   나의 평점

방문 후기

강원 밥상

강원

춘천

강릉집 · 150
생선구이백반, 고등어구이백반

후평왕족발 · 152
족발, 잔치국수

감자밭 · 154
춘천 감자빵, 치즈감자빵

대복소갈비살 · 156
한우제비추리, 한우갈비살

맥고을 · 158
장칼국수, 더덕비빔밥

횡성

작은밥집소소반 · 160
매운송아지갈비

이리가든 · 162
순두부, 두부찜

심순녀 안흥찐빵 · 164
심순녀안흥찐빵

새말토종순대 · 165
모둠순대, 장순댓국

평창

오복가든 · 166
곤드레밥, 만둣국

큰우리 · 168
한우주물럭, 비지찌개

태백

구와우순두부식당 · 194
순두부

한밭식당 · 196
가마솥산나물밥

현대실비식당 · 198
한우모둠, 육사시미, 선지해장국

춘천

횡성

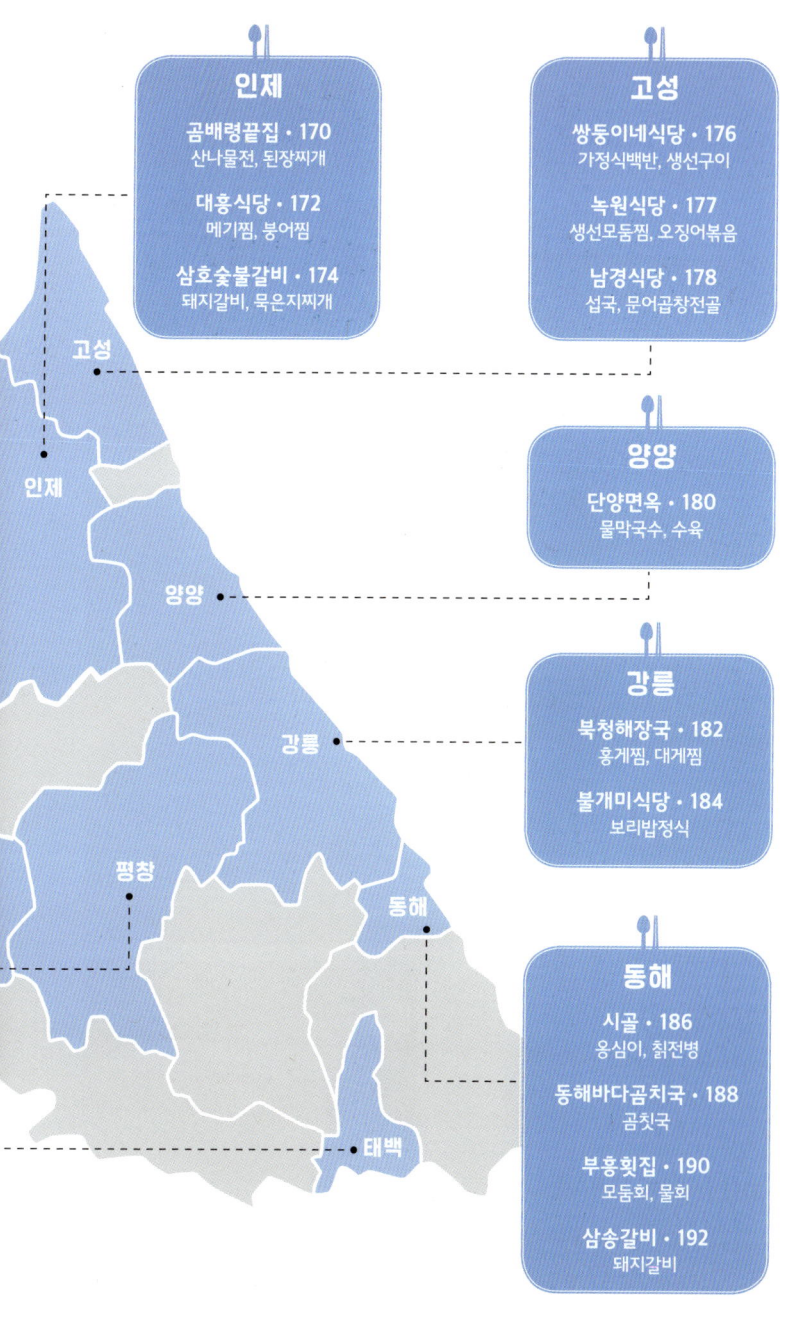

강릉집

TEL. 033-242-7779

식당 주소
강원 춘천시 서부대성로 46

운영 시간
06:20-16:00
매주 일요일 휴무

주요 메뉴
생선구이백반
고등어구이백반
생선정식

엄마 옆에서 요리를 돕던 열다섯 소녀. 어머니가 돌아가신 뒤 가게를 물려 받아 그 손맛을 잇고 있다. 생선정식인데 돼지고기, 나물 등 찬이 이것저것 많기에 물었더니, 엄마가 애들 좋아하는 거 다 해주듯이 장사하다 보니 그렇게 되었단다. 참, 어머니 생각 나게 하는 곳이다.

어린 적 오진었던 고생이 남아 있을까 걱정이었는데
너무 밝아서 안심했습니다.
그런 성품이 음식으로 이어졌습니다.

방문 날짜 20 . .   나의 평점

방문 후기

후평왕족발

TEL. 033-242-2926

식당 주소

강원 춘천시 춘천로 293

운영 시간

12:00-20:30
매주 화요일 휴무
전화 문의 필수(재료 소진 시 조기 마감)

주요 메뉴

족발
잔치국수
비빔국수

보통 '족발 가게'는 방금 나온 따끈따끈한 족발을 먹기 위해 찾아가는데, 아니 이곳은 족발이 차갑다!? 신기함은 잠깐, 오히려 쫀득쫀득하고 담백한 맛에 '아~ 왜 식혀 나오는 줄 알겠다!' 싶다. 여기에 뜨끈한 잔치국수, 매콤한 비빔국수를 곁들이면 부족했던 2%가 전부 채워진다.

똑같은 앞다리살인데
이 집 냉족발은 기름기가 느껴지지 않습니다.
한 수 배웠습니다.
이래서 음식 기행은 즐겁습니다.♬

방문 날짜 20 . .   나의 평점

방문 후기

감자밭

TEL. 1566-3756

식당 주소
강원 춘천시 신북읍 신샘밭로 674

운영 시간
10:00-19:00

주요 메뉴
춘천 감자빵, 치즈감자빵
카레감자빵, 감자라떼

방금 캐내 흙 잔뜩 묻은 진짜 '감자'처럼 생긴 감자빵. 몰랑몰랑한 감자빵을 반으로 가르면 개발 품종인 '로즈감자'로 만든 소가 마중을 나온다. 기분 나쁘지 않게 올라오는 달달함과 은근히 올라오는 구수한 맛에 '이런 맛도 있구나' 하며 세상 오래 살고 볼 일이다 싶다.

감자빵일세, 허나 흔한 감자빵이 아닐세.
춘천에 오면 시끌벅적한 집이 있다더니 바로 이 집일세.
설영은 이 빵은 흉내 내기 쉬우니 직접 드셔보게나.

방문 날짜 20 . . **나의 평점** 🍚🍚🍚🍚🍚

방문 후기

대복 소갈비살

TEL. 033-244-0292

식당 주소
강원 춘천시 동부시장길 8-4

운영 시간
17:00-21:00
매주 일요일 휴무

주요 메뉴
한우제비추리
한우갈비살

메뉴 특별하게 고를 거 없다! 그냥 몇 인분 먹을지만 말하면 된다는 사장님 포스 넘치는 곳. 소고기 장사만 26년, 소고기에 항상 진심이라는 주인장 말답게 고기는 주문 즉시 손질을 시작한다. 그날 고기가 안좋으면 식당 문도 닫아버린다는 그 자부심이 갈빗살 한 점에 전부 느껴진다.

정말 겸손하게 살아야 할 이유가 여기 있습니다.
어디든지 숨은 고수가 있다는 것입니다.
이 집입니다.

방문 날짜 20 . .   나의 평점

방문 후기

맥고을

TEL. 033-255-9530

식당 주소

강원 춘천시 서부대성로44번길 11-1

운영 시간

12:00-21:00
주말 휴무

주요 메뉴

장칼국수
더덕비빔밥

시청, 도청 끼고 있어 공무원 맛집으로 유명한 곳. 생더덕을 잘게 잘라 양념을 하고 각종 나물과 청포묵 넣고 비벼 먹는 비빔밥이 인기 메뉴다. 더덕을 익히지 않은 탓에 아리고 떫은 거 아닌가 싶었는데 다른 재료와 함께 비벼지면서 맛의 조화를 이뤄내었다.

텁텁한 잔칫국수는 집 떠난 오빠를 불러들이고, 더덕비빔밥은 오빠가 집 떠날 생각을 버리게 만듭니다.

방문 날짜 20 . .   나의 평점

방문 후기

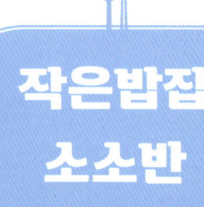

작은밥집 소소반

TEL. 033-342-3541

식당 주소
강원 횡성군 서원면 옥계사일길 27

운영 시간
11:00-15:00

주요 메뉴
매운송아지갈비

'백반의 완결판'. 백반 기행 3년 동안 만난 식당 중에서 이 집은 순위권에 드는 곳이다. 칡 잎을 수저 받침으로 쓰는 센스부터 손님 나이대에 따라 달라지는 반찬, 재료 맛 살아 있는 메인 요리까지 뭣하나 빠지는 게 없다. 사장님, 이 동네에 빈집 없습니까? 이사 와야겠습니다.

음식은 여행이자 길이고 연인이다.
조그만 시골 마을에서 만난 곳.
콜럼버스가 신대륙을 발견했을 때에도
이렇게 벅찬 기분은 아니었을 것이다.

방문 날짜 20 . .   나의 평점

방문 후기

이리가든

TEL. 033-344-3839

식당 주소
강원 횡성군 서원면 석화이리길 25

운영 시간
11:00-21:00

주요 메뉴
순두부
두부찜
능이닭백숙

어머니가 하시던 옛 방식 그대로 두부를 만드는 곳. 투박하면서도 단단하고, 잔잔하면서도 구수한 모두부는 세월 속 때 묻은 나를 정화하는 맛이다. 들기름 심하게 들어간 두부찜은 처음엔 과한 것 아닌가 걱정스러웠지만, 끓이다 보니 극강의 고소함만 남아 모든 의심을 잠재웠다.

오염된 인간 허영만이
두부로 씻겨질 줄이야~~

방문 날짜 20 . .   나의 평점 🍚🍚🍚🍚🍚

방문 후기

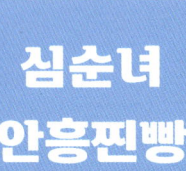

심순녀 안흥찐빵

TEL. 033-342-4460

42번 국도의 중요한 쉼터로 자리매김하여 찐빵만 쪄온 세월이 어언 53년. 국산 팥을 두 번 숙성해 달지 않고 담백한 앙금 맛이 긴 여운을 남긴다. 어딘가 익숙한 반죽 촉감과 구수한 밀가루 향이 추운 겨울, 호호 불어가며 찐빵을 먹던 그 때 그 시절을 떠올리게 한다.

식당 주소
강원 횡성군 안흥면 서동로 1029

운영 시간
08:00-20:30

주요 메뉴
심순녀안흥찐빵

방문 날짜 20 . .   나의 평점 🍚🍚🍚🍚🍚

방문 후기

새말토종 순대

TEL. 033-342-6469

지금까지 먹어왔던 순댓국의 원형을 파괴하는 맛. 진한 막장 향 폴폴 풍기는 국물 한 숟갈에 '강원도 음식은 참으로 오묘하고 복잡하구나!' 깨닫는다. 채소와 배추, 그리고 계절에 따라 달라지는 산나물이 들어간 순대는 씹는 식감과 맛이 다른 곳에서 못 느껴본 음식이다.

식당 주소
강원 횡성군 우천면 우항새말길 20-16

운영 시간
08:00-20:00
화요일 08:00-15:00
매주 수요일 휴무

주요 메뉴
모둠순대
장순댓국

방문 날짜 20   .   .

나의 평점

방문 후기

오복가든

TEL. 033-333-8726

식당 주소
강원 평창군 용평면 운두령로 377-81

운영 시간
전화 후 방문 추천

주요 메뉴
곤드레밥
만둣국

주변에서 나물을 캐 와 평창 시골 밥상을 차렸다. 산갓김치, 동태식해 등 짜고 달고 씁쓰름한 강원도 반찬에서 이 세상 맛 전부를 느낀다. 솥바닥에 생곤드레 자작하게 깐 곤드레밥은 구수한 향과 촌스러운 맛이 매력. 잔멸치로 끓인 곤드레된장찌개도 시원하니 맛나다.

집세가 나가나 인건비가 나가나.
가게 문 열고 손님 오면 받고 안 오면 문 닫고…
세상에 적수가 없구나.

방문 날짜 20 . .   나의 평점

방문 후기

큰우리

TEL. 033-336-8253

식당 주소
강원 평창군 대관령면 대관령로 192, 1층

운영 시간
11:00-21:00

주요 메뉴
한우주물럭
비지찌개

평창 한우가 이렇게 다른가! 어떻게 길렀기에 이리 고소한지 고기 한 점 한 점 씹을 때마다 궁금증이 샘솟는다. 그렇게 평창 소고기 맛에 흠뻑 취한 것도 잠시, 콩을 물에 불려 되직하게 갈아 콩물을 빼내지 않은 '되비지'로 끓인 찌개 앞에선 마주 보고 앉은 이를 잊고 말았다.

평창 한우의 유명세를 확인했습니다.
거기에다 '비지찌개'는
앞에 계시는 김수이 선생님을 잊게 만들었습니다.

방문 날짜 20 . . **나의 평점** 🍚🍚🍚🍚🍚

방문 후기

곰배령끝집

TEL. 033-463-0046

식당 주소
강원 인제군 기린면 곰배령길 232

운영 시간
전화 후 방문 추천

주요 메뉴
산나물전
된장찌개

세상에 이런 식당이. 강원도 산골짜기, 해발 820m에 위치한 이 식당에 가려면 구불구불한 골짜기를 지나야만 한다. 암 환자로 왔다가 완치 후 17년째 여기서 살고 있다는 주인장. 강원도 봄 나물 잔뜩 넣은 산나물전은 향이 기가 막히는 것이, 봄이 찾아왔다고 말해주는 듯하다.

산길 30분.
물 좋고, 산 좋고, 공기 좋고, 음식 좋은 곳.
이곳이 바로 도원경(桃源境).

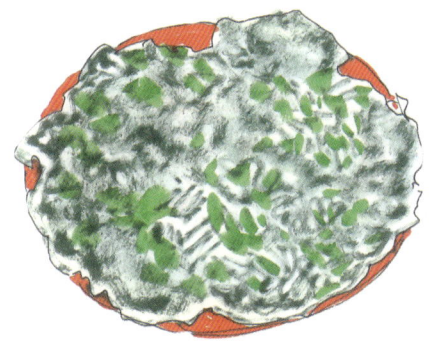

방문 날짜 20 .   .   **나의 평점**

방문 후기

대흥식당

TEL. 033-461-2599

식당 주소
강원 인제군 남면 빙어마을길 28

운영 시간
11:00-14:00
매주 토요일 휴무

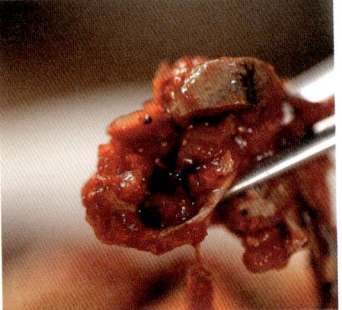

주요 메뉴
메기찜
붕어찜
쏘가리매운탕

소양호 바로 앞, 멋진 전망을 자랑하는 집. 메기찜의 뻑뻑하고 진한 국물과 구수한 시래기, 부드러운 메기 살 맛에 강원도까지 온 보람이 있다. 그러다 입이 살짝 텁텁할 즈음엔 코다리를 넣고 담근 강원도식 깍두기 하나면 얼마든지 다시 메기찜으로 복귀 가능하다.

소양호 메기는 이 집을 싫어합니다.
메기찜 보고 찾아오는 손님이 줄은 섰으니까요.

방문 날짜 20 . .   나의 평점 🍚🍚🍚🍚🍚

방문 후기

삼호 숯불갈비

TEL. 033-461-2769

식당 주소
강원 인제군 인제읍 비봉로16번길 9

운영 시간
10:00-21:00
매주 일요일 휴무

주요 메뉴
돼지갈비
묵은지찌개

과일 숙성 등으로 단맛을 내기 위해 노력하는 여느 갈빗집과 다르게 옛 방식 그대로 간장으로만 양념을 만든다. 대신 35년간 지켜온 철저한 계량이 이 집이 오랜 시간 사랑받은 비결. 마무리로 먹은 '고소한' 고추장묵은지찌개는 감히 이 밥상의 하이라이트라고 말하고 싶다.

돼지갈비는 넉넉히 먹었지만
이 김치두부찌개는 남겼습니다.
키핑되나요?

방문 날짜 20 . .   나의 평점

방문 후기

쌍둥이네 식당

TEL. 033-681-0109

무엇이 나올지 모르는 게 백반집 가는 묘미가 아닐까. 특히 이 집은 손님인 어부들이 그날그날 가져다주는 재료에 따라 반찬이나 국거리가 달라지니 더 재미가 있다. 백반에 포함된 생선구이는 기름 넉넉히 둘러 구워 껍질은 바삭하고 속살은 촉촉하다. 역시 생선 좀 아는 바닷마을 주인장답다.

식당 주소
강원 고성군 현내면 한나루로 136-1

운영 시간
07:00-19:00

주요 메뉴
가정식백반
생선구이

방문 날짜 20 . .

나의 평점

방문 후기

녹원식당

TEL. 033-631-6318

근사한 비주얼 자랑하는 생선모둠찜. 물렁뼈 결대로 오독오독 씹어 먹는 가오리, 담백하고 구수한 열기, 살짝 말려 꼬들꼬들한 코다리, 짭짤한 가자미까지 이 생선 저 생선 골라 먹는 재미가 쏠쏠하다. 중간에 우동 사리를 추가해 짭짤한 양념 맛을 즐기는 것도 별미다.

식당 주소
강원 고성군 토성면 교암길 60

운영 시간
10:00-20:00
라스트 오더 19:00
매주 금요일 휴무

주요 메뉴
생선모둠찜
오징어볶음

방문 날짜 20 .   .   나의 평점

방문 후기

남경식당

TEL. 070-4205-5959

식당 주소
강원 고성군 토성면 성대로 183

운영 시간
10:00-22:00
라스트 오더 20:00

주요 메뉴
섭국
문어곱창전골

건물 안 유리창으로 보이는 풍경이 웬만한 별장 부럽지 않다. 크기는 작아도 통통한 섭은 예로부터 동해 사람들이 즐겨 먹은 여름 보양식. 강원도답게 고추장과 된장으로 맛을 낸 섭국 속에 부추, 팽이버섯, 숙주가 풍성하게 들었다. 섭국 안 먹고 동해안을 떠나면 참 섭섭하다.

고성 다녀오는 중이라고? 섭국 자셔 봤나?
아이구, 그걸 안 자셨으면 동해안을 뭣하러 가셨나?

방문 날짜 20   .   .   나의 평점

방문 후기

단양면옥

TEL. 033-671-2227

식당 주소
강원 양양군 양양읍 남문6길 3

운영 시간
11:00-20:00
라스트 오더 19:15
매주 월요일 휴무(4, 9, 19, 29일 제외)

주요 메뉴
물막국수
수육

《식객》취재 차 방문했던 식당. 얇게 썰어 기름기 쫙 빠진 수육은 말 못할 다른 거라도 넣고 삶았나 싶을 정도로 고소하기 그지없다. 여기에 곁들이는 가자미회무침은 얼마 남지 않은 느끼함마저 없애버리는구나. 심심하면서 고소한 국물 자랑하는 물막국수는 중독성이 심각하다.

밥그릇에 선을 긋고 적게 먹어야겠다 각오했는데
이 국물을 들이키고선 물막국수를
한 그릇 비우고 말았습니다.
절식은 다음에…

방문 날짜	20 . .	나의 평점 

방문 후기

북청해장국

TEL. 033-662-2359

식당 주소
강원 강릉시 주문진읍 해안로 1766-2

운영 시간
06:00-19:30
매월 둘째 주 수요일 휴무

주요 메뉴
홍게찜, 대게찜
게탕, 게볶음밥

고정 관념이 깨지는 것은 한순간이다. 손님이 해산물을 사 오면 돈을 받고 요리를 해주는 식당을 신뢰하지 않았는데, 포 뜨듯 얇게 썰어 단맛은 올리고 식감은 부드럽게 조리한 오징어회에 이 집 내공이 남다름을 느꼈다. 기대 이상의 맛을 보여주는 곳이다.

기대 안 했습니다.
재료 사와서 요리 부탁하는 집의 맛은
기억에 남지 않거든요.
허나, 이 댁은 최고였습니다.

방문 날짜 20 . . **나의 평점**

방문 후기

불개미식당

TEL. 033-641-6917

쟁반 한가득 반찬을 채워와 '툭' 놓고 나가는 집은 오랜만이라 반가웠다. 생미역, 쌈배추, 나물, 고추절임 등 반찬 하나하나 어찌 이리 다 맛있을까. 강원도답게 큼지막한 감자가 투박하게 박혀 있는 보리밥은 막장을 넣고 비벼 먹어야 제맛. 문득문득 생각날 강원도 밥상이다.

식당 주소
강원 강릉시 중앙시장1길 8

운영 시간
11:00-19:00
전화 예약 불가

주요 메뉴
보리밥정식

방문 날짜 20 .   .   **나의 평점** 🍚🍚🍚🍚🍚

방문 후기

시골

TEL. 033-521-0163

식당 주소
강원 동해시 지양길 9

운영 시간
11:00-15:00
매주 일요일 휴무

주요 메뉴
옹심이, 칡전병
칡부침, 칡만두국

직접 캔 칡을 갈아 만든 반죽에 배추와 참나물 올려 만든 칡부침. 주인장 비법이 더해져 쫄깃쫄깃한 식감이 참 재미지다. 정선 갓김치가 들어간 칡전병은 여기 사람들만 아는 별미 중의 별미. 즉석에서 감자를 갈아 20분 기다려야 맛볼 수 있는 감자옹심이는 강원도 음식의 진수다.

따뜻고 힘찬 동해 바다와 함께
칡, 메밀, 감자는
강원도를 소박한 곳으로 지키는 힘이었겠다.

방문 날짜 20 . . 나의 평점

방문 후기

동해바다 곰치국

TEL. 033-532-0265

식당 주소
강원 동해시 일출로 179

운영 시간
06:30-18:30

주요 메뉴
곰칫국

이 녀석을 실제로 봐야 왜 '물곰'이라 칭하는지 알 수 있다. 물에서 사는 곰마냥 커다란 덩치의 곰치를 듬성듬성 잘라 김치만 넣고 시원하게 끓였다. 칼칼하지만 자극적이지 않은 국물은 해장이 절로 되는 맛. 물컹물컹 흐물흐물한 살은 숟가락으로 후루룩 먹어야 제맛이다.

물곰 어획량이 계속 줄어든다는데
환경 개선에 도움이 되어야겠다는
뜬금없는 생각을 합니다.
우리 모두 맑고 건강한 바다를 지켜야 할 때입니다.

방문 날짜 20 . .	나의 평점
방문 후기	

부흥횟집

TEL. 033-531-5209

식당 주소
강원 동해시 일출로 93

운영 시간
10:30-21:00
매월 첫째 주 일요일,
셋째 주 월요일 휴무

주요 메뉴
모둠회
물회
대구탕

수족관이 없는 횟집이라니. 이 집은 수조를 두지 않고 매일 아침 어판장에서 입찰한 고기를 받아와 바로 손질해 내놓는다. 그 덕에 신선한 회에서만 느낄 수 있는 단맛이 풍부한 것이 장점. 투박하고 묵직한 장맛이 인상 깊은 물회도 놓치지 말아야 할 메뉴다.

역사는 어디서 그냥 건져지는 것이 아닙니다.
산물과 정성과 기교가 융쳐야만 가능합니다.

방문 날짜 20 . . 나의 평점
방문 후기

삼송갈비

TEL. 033-522-4077

식당 주소

강원 동해시 송정로 39

운영 시간

16:00-21:00
매주 일요일 휴무

주요 메뉴

돼지갈비

물갈비가 뭔가 했더니 '물에 잠긴 돼지갈비'를 뜻하는 말이란다. 흥건한 양념과 함께 나온 갈비를 7, 8분 동안 졸이면, 양념이 고기 깊숙이 달라붙어 다른 모습으로 변신한다. 생각보다 달지 않고 살짝 매콤한 양념은 시어머니 방식. 중간에 마늘이나 고추를 넣어 먹어도 좋다.

동해식 물갈비 손주들이 뜯는 걸 보는
할아버지의 흐뭇한 미소가 엿보입니다.

방문 날짜 20 . . **나의 평점** 🍚🍚🍚🍚🍚

방문 후기

구와우 순두부식당

TEL. 033-554-7223

식당 주소
강원 태백시 구와우길 49-1

운영 시간
11:00-16:00
매월 첫째, 셋째 주 일요일 휴무

주요 메뉴
순두부

산골짜기 한가운데 무슨 깡다구로 식당을 내셨나. 게다가 메뉴는 순두부 하나에 하루 80그릇 한정. 그럼에도 다들 어찌 알고 찾아오는지, 벽면엔 이미 손님들이 남기고 간 쪽지가 한가득하다. 하지만 갓 만들어 보들보들한 순두부 한 입이면 '아~ 이래서 오는구나' 한다.

태백 산로에서 이런 집은 안봤으니
저 높은 산인들 내 발길을 막을소냐.
어서 가자, 내 님 기다리는 곳으로···.

방문 날짜 20 . .   **나의 평점** 🍚🍚🍚🍚🍚

방문 후기

한밭식당

TEL. 033-552-3160

식당 주소
강원 태백시 먹거리길 91

운영 시간
10:00-20:00

주요 메뉴
가마솥산나물밥

사방이 산으로 둘러싸인 곳답게 쩔뚝발이(눈개승마), 궁채, 엄나무 순, 다래 순 등 태백다운 반찬이 수줍게 상을 채운다. 여기에 강원도 밥상이라면 빠져서는 안 되는 가자미식해와 어수리, 곤드레, 참취 넣은 가마솥 밥까지. 어디 가서 태백을 다 맛봤다고 해도 과언이 아니다.

밥은 말할 것 없고 조선간장에 쪽파 넣은 양념장에
어머니가 앞에 나타나셨다.

방문 날짜 20   .   나의 평점

방문 후기

현대실비식당

TEL. 033-552-6324

식당 주소
강원 태백시 시장북길 11

운영 시간
11:00-22:00
매주 월요일 휴무

주요 메뉴
한우모둠
육사시미
선지해장국

실비란, '실제로 드는 비용'을 줄인 말로 산지 특혜로 저렴하게 고기를 먹을 수 있는 식당을 부르는 말이다. 산지라서일까? 고기에서 어떻게 이리 풍부한 육즙이 나올 수 있나 놀라고 말았다. 여러분, 허영만 오버한다 생각하지 마십시오. 가만히 있으면 죄짓는 맛입니다~.

이걸 먹고 사랑에 빠졌다.

방문 날짜 20 . .   나의 평점

방문 후기

대전·충청 밥상

대전·충청

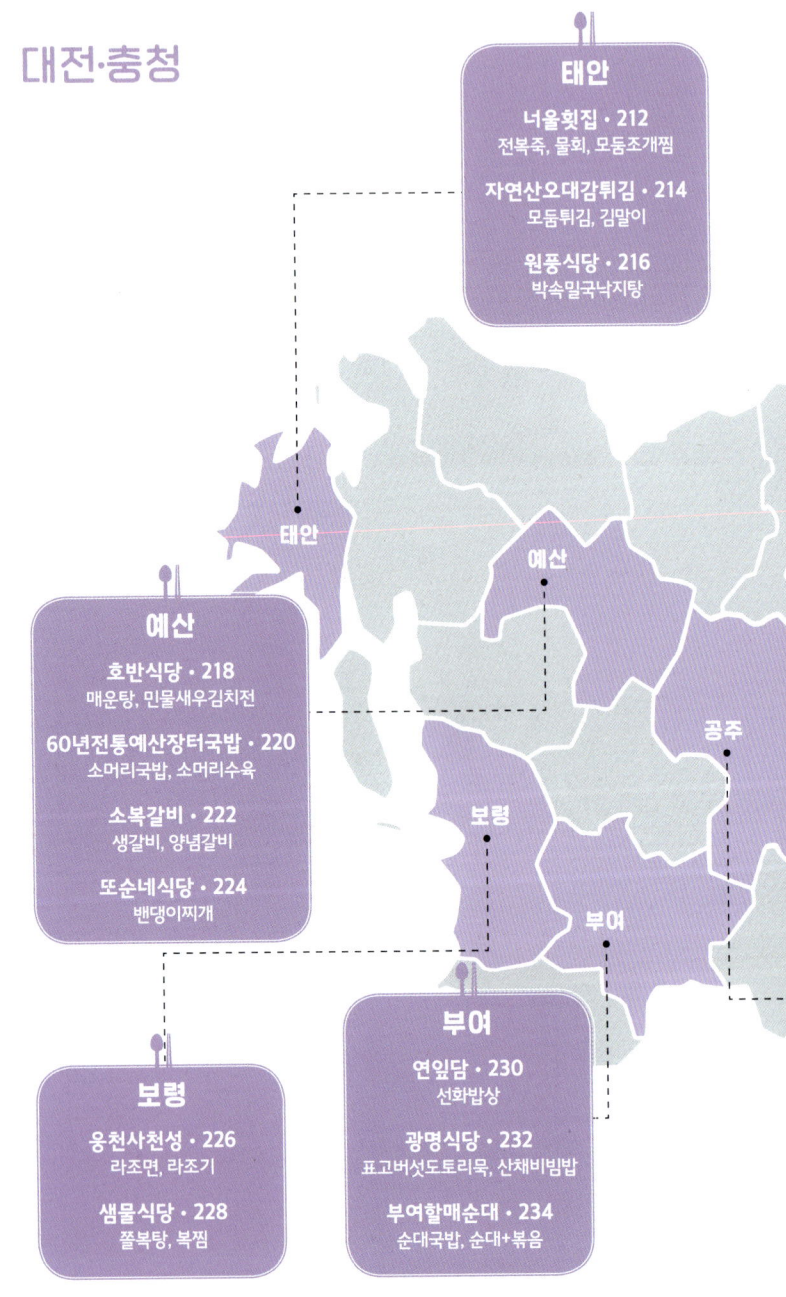

태안
- **너울횟집 · 212**
  전복죽, 물회, 모둠조개찜
- **자연산오대감튀김 · 214**
  모둠튀김, 김말이
- **원풍식당 · 216**
  박속밀국낙지탕

예산
- **호반식당 · 218**
  매운탕, 민물새우김치전
- **60년전통예산장터국밥 · 220**
  소머리국밥, 소머리수육
- **소복갈비 · 222**
  생갈비, 양념갈비
- **또순네식당 · 224**
  밴댕이찌개

보령
- **웅천사천성 · 226**
  라조면, 라조기
- **샘물식당 · 228**
  쫄복탕, 복찜

부여
- **연잎담 · 230**
  선화밥상
- **광명식당 · 232**
  표고버섯도토리묵, 산채비빔밥
- **부여할매순대 · 234**
  순대국밥, 순대+볶음

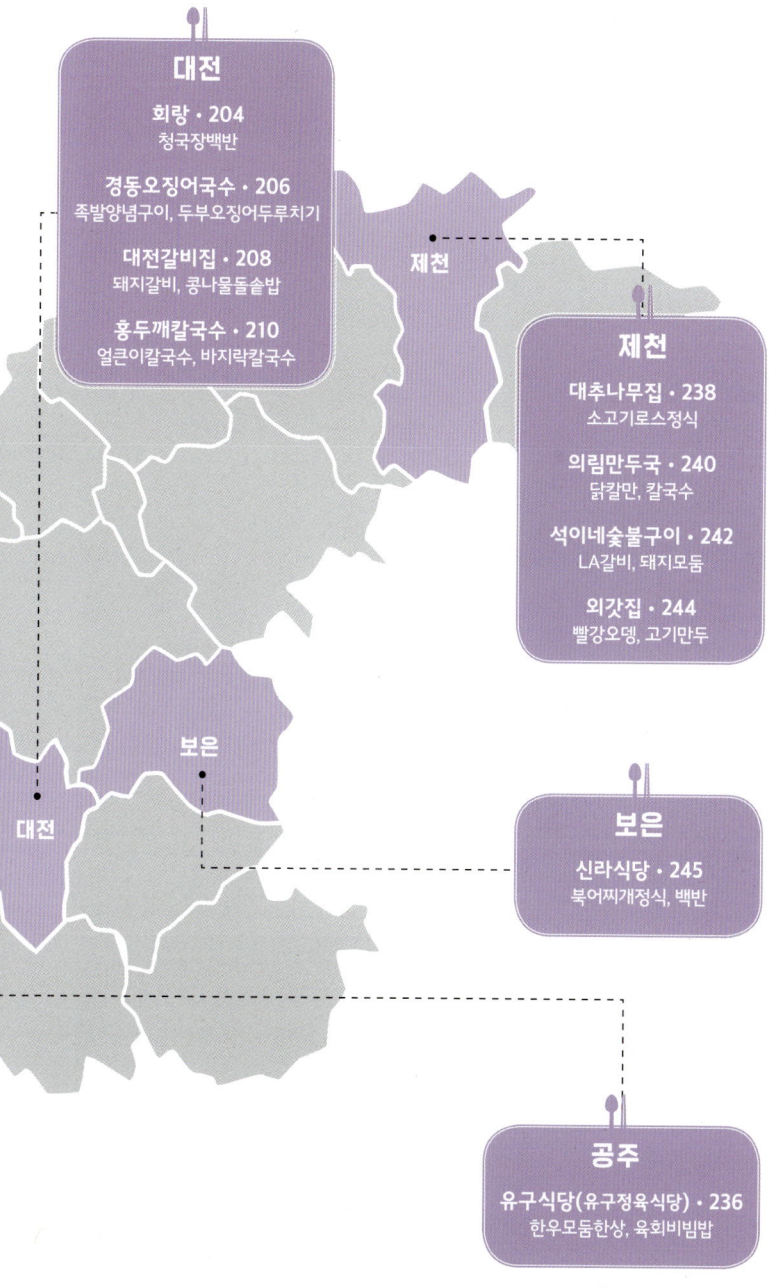

회랑

TEL. 042-523-3245

식당 주소
대전 서구 제비네4길 9

운영 시간
11:00-21:00
매주 일요일 휴무

주요 메뉴
청국장백반

옷을 정갈하게 입고 요리해야 제대로 된 음식이 나온다는 주인장. 그 마음가짐을 닮았는지 20가지 넘는 반찬 모두 정갈하고 담백하다. 청국장은 냄새가 심하지 않고 구수한 향이 나며, 호박순 등 계절 재료를 넣어 맛을 살렸다. 아, 다음 집 안 가고 여기 눌러앉았으면 안 되나~.

여보시게, 인자 가을걷이 싹 다 끝냈지이.
여기 안 오시고 뭐 하시나.

방문 날짜 20 . .   나의 평점

방문 후기

경동 오징어국수

TEL. 042-626-5707

식당 주소

대전 동구 계족로 369

운영 시간

10:30-21:30
매주 일요일 휴무

주요 메뉴

족발양념구이
두부오징어두루치기
두부오징어국수

빨간 양념족발이 풍기는 매운 향에 공포감이 엄습했다. 하지만 '어라?' 생각보다 맵지가 않다. 공격적이지 않고 부드럽게 접근하는 매운 맛에 자꾸만 족발에 손이 간다. 두부오징어두루치기는 각 재료가 좋은 동네 이웃들 마냥 어우러지는 맛. 이곳 사장님 성품과 비슷한 것 같다.

삶고, 굽고, 또 굽고, 볶은
달콤 매콤 족발양념구이.
식사 끝날 때까지 손은 왜 그리 고픈지요~~

방문 날짜 20   나의 평점

방문 후기

대전갈비집

TEL. 042-254-0758

식당 주소
대전 중구 대흥로175번길 28

운영 시간
11:00-22:30

주요 메뉴
돼지갈비
콩나물돌솥밥

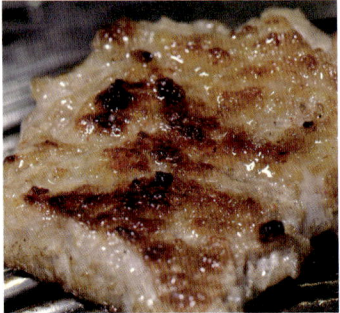

1인분에 9,000원이라는 저렴한 가격과 훌륭한 맛으로 45년간 대전 시민들의 마음을 사로잡았다. 명색이 양념갈비인데 색이 하얘 맛이 의심스러웠지만, 달지 않은 데다가 구수한 고기 맛에 엄지를 올리게 된다. 콩나물돌솥밥도 겸손한 간이 특징. 간은 약할지라도 여운은 길다.

45년은 고스톱으로 생긴 세월이 아닙니다.
100년을 향하여 쓰리 고! 포 고! 텐 고!

방문 날짜 20   .   .   나의 평점

방문 후기

홍두깨 칼국수

TEL. 042-254-8314

야구장 근처에 위치해 야구 팬들뿐만 아니라 선수들도 즐겨 찾는 곳이다. 빨간 육수 부어 얼큰하고 칼칼한 칼국수는 그야말로 아드레날린이 솟구치는 맛. 매콤함에 살짝 힘들어질 때엔 생쑥갓을 넣어 먹으면 맵기가 조절이 된다. 땀 쫙 빼고 스트레스 잊게 하는 대전의 맛이다.

식당 주소
대전 중구 충무로107번길 15

운영 시간
11:00-21:00

주요 메뉴
얼큰이칼국수
바지락칼국수
수육

방문 날짜 20 . .   **나의 평점**

방문 후기

너울횟집

TEL. 041-674-7676

식당 주소
충남 태안군 소원면 만리포2길 2

운영 시간
07:00-22:00

주요 메뉴
전복죽
물회
모둠조개찜

속이 뻥 뚫리는 바다를 바라보며 먹는 태안 해산물 한 상. 전복죽에 토실토실한 전복 살과 고소한 내장 맛 외에 무언가 더 느껴져 물어보니, 감자를 넣어 부드러움과 고소함을 더했단다. 피조개, 소라 등 갖은 조개 다 넣은 조개찜은 왜 이렇게 단지. 아~ 태안에 취하고 말았다.

윤회, 조개찜, 전복 죽….
푸른 바다를 내 몸안에 쏟아부었다.

방문 날짜 20 . .	나의 평점 🍚🍚🍚🍚🍚
방문 후기	

자연산 오대감튀김

TEL. 041-673-2117

식당 주소
충남 태안군 안면읍 백사장1길 117

운영 시간
09:00-22:00

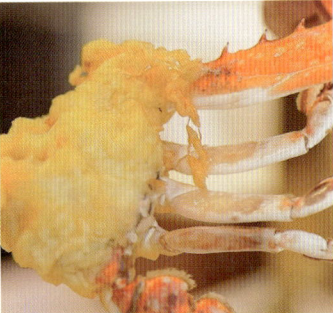

주요 메뉴
모둠튀김
김말이

치자로 낸 노란 색 튀김옷이 멀리서부터 시선을 사로잡는다. 철 맞은 가을 꽃게를 통으로 튀긴 꽃게튀김은 세상, 처음 보는 비주얼. 새끼 게튀김은 바삭바삭 씹히는 것이 슈퍼에서 파는 꽃게 과자 고급형 같다. 여기에 통통한 새우튀김까지 있으니, 생맥주를 안 마실 수 없구나.

각종 튀김의 샛노란 행렬을….
아아, 태안의 깊은 가을….

방문 날짜 20 .   .   나의 평점

방문 후기

원풍식당

TEL. 041-672-5057

식당 주소

충남 태안군 원북면 원이로 841-1

운영 시간

09:30-20:00

주요 메뉴

박속밀국낙지탕

박 날 때면 낙지도 맛이 드니, 아니 같이 먹을쏘냐. 예로부터 태안에서는 제철 박과 낙지를 한데 넣고 탕으로 삼삼하게 끓여 먹었단다. 처음에는 심심하지만, 낙지가 들어가면 맛이 곧 달라지니 걱정 마시라. 이 국물에 밀국, 즉 수제비와 칼국수 넣어 마무리를 하니 깔끔하다.

박속밀국낙지탕은 서해안의 으뜸입니다.
여러분의 버킷 리스트에 꼭 집어넣으십시오.

방문 날짜 20 . .	나의 평점 🍚🍚🍚🍚🍚
방문 후기	

호반식당

TEL. 041-332-0121

식당 주소

충남 예산군 대흥면 예당로 848

운영 시간

11:00-19:00
라스트 오더 18:00
매주 화요일 휴무

주요 메뉴

매운탕(붕어, 메기, 새우), 어죽
붕어조림, 민물새우김치전

묵은지 반죽에 그때그때 잡은 민물새우를 넣고 노릇하게 부친 민물새우김치전. 민물새우 특유의 단맛과 묵은지의 매운맛이 절묘하게 어우러진다. 빨간 국물에 바다 향 가득한 어죽과 두툼하고 부드러운 붕어 살과 양념 잘 밴 시래기 들어간 조림이면 예당호 밥상 완성이다.

어죽 한 그릇에 친구들이 보인다.
영석아, 갑진아,
예당 저수지에 오여서 어죽 끓여 한 사발씩 하자꾸나.

방문 날짜 20 . .   나의 평점 🍚🍚🍚🍚🍚

방문 후기

60년전통 예산장터국밥

TEL. 041-332-3664

식당 주소
충남 예산군 예산읍 관양산길 12-1

운영 시간
05:00-20:00
매주 월요일 휴무(장날일 경우 영업)
전화 후 방문 추천

주요 메뉴
소머리국밥
소머리수육

큼직큼직하게 썰어 서너 점만 먹어도 배부를 것 같은 소머리수육. 두툼한 두께에 한 번, 그에 반해 부드러운 식감에 또 한 번 놀랐다. 게다가 서비스 국물까지 주니, 이게 예산의 인심인 것일까? 얼큰한 국물과 기름진 고기, 커다란 선지 듬뿍 든 소머리국밥은 술을 그립게 한다.

10년 운영.
2대에서 넘어가는 중.
이 집이 있는 한 장터의 인심은 계속됩니다.

방문 날짜 20 .   나의 평점 🍚🍚🍚🍚🍚

방문 후기

소복갈비

TEL. 041-335-2401

식당 주소
충남 예산군 예산읍 천변로195번길 9

운영 시간
11:00-21:00
라스트 오더 19:50
(재료 소진 시 조기 마감)

주요 메뉴
생갈비
양념갈비

대통령들이 예산에 오면 다녀간다는 갈빗집. 주문이 들어오면 밖에서 고기를 구워 돌판에 담아 가져다준다. 덕분에 대화에 집중할 수 있는 게 장점. 크고 두껍게 썬 갈비는 육즙이 줄줄 흐르고 달콤해서 남녀노소 다 좋아할 맛이다. 옛 생각나게 하는 갈비탕도 꼭 드셔보기를….

벽에 붙은 사인이 허세가 아닙니다.
맛이 좋아 이치겠다.

방문 날짜 20 .   .   나의 평점

방문 후기

또순네식당

TEL. 041-337-4314

오뉴월에 가장 맛있다는 밴댕이. 찌개로는 처음 먹어본 탓일까, 살짝 비릿하면서 쌉싸름한 맛이 느껴진다. 처음 먹는 사람들이 주로 그렇게 느낀다는데, 아는 사람들은 돌아서면 생각나는 음식이라고 한다. 초보자들은 상추에 밥, 된장 넣고 밴댕이 얹어 싸 먹는 것을 추천한다.

식당 주소
충남 예산군 덕산면 봉운로 25

운영 시간
07:00-20:00
매주 월요일 휴무

주요 메뉴
밴댕이찌개

방문 날짜 20   .   .   나의 평점

방문 후기

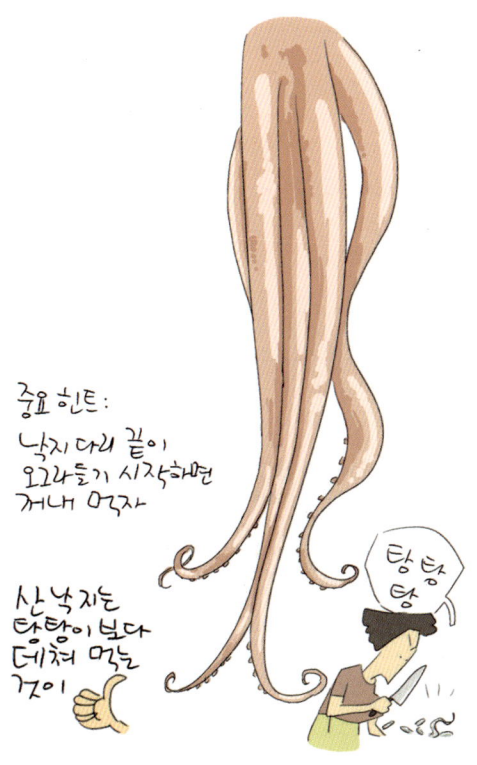

웅천사천성

TEL. 041-931-9521

식당 주소
충남 보령시 웅천읍 장터3길 22

운영 시간
10:00-17:00
매월 3, 13, 23일 휴무
휴무일이 토/일 경우 월요일 휴무

주요 메뉴
라조면, 라조기
간짜장, 고추짬뽕

50년 노포의 매운맛을 보여주마! 마른 고추, 베트남 고추, 청양고추 들어간 라조면은 화끈함, 칼칼함, 알싸함에 정신 못 차리게 맵지만 불쾌하지 않고 개운하다. 튀긴 닭과 고추를 한데 볶은 라조기도 바삭바삭하고 맵싸한 것이, 중독성이 상당하다.

소방차 불러라!!
내 입에 대형 화재다!!

※ 세상에 불만 있으신 분, 이곳에서 해결하세요.

방문 날짜	20 . .	나의 평점	

방문 후기

샘물식당

TEL. 041-934-6964

식당 주소

충남 보령시 청라면 원모루길 245

운영 시간

09:00-21:00
전화 예약 추천

주요 메뉴

쫄복탕
복찜

충청도 내륙 청라면에 웬 비린내인가. 말린 쫄복(자잘한 복어)으로 끓인 쫄복탕은 집 된장 넣어 구수하고 복어 살은 쫄깃쫄깃, 아욱은 부들부들하다. 생물 쫄복 한 마리 통째로 들어간 복쩜은 사장님 솜씨에 박수가 나오는 맛. 이 집 부근 지나간다면 무조건 '차 돌려!' 해야 한다.

청라면 산골에 복국은 안 맞습니다.
반가우면서도 조심스러웠지만 존재 이유가 있었습니다.

방문 날짜	20 . .	나의 평점	🍚🍚🍚🍚🍚

방문 후기

연잎담

TEL. 041-835-3498

식당 주소

충남 부여군 부여읍 계백로180번길 9-13

운영 시간

10:00-22:00
매주 수요일 휴무

주요 메뉴

선화밥상
서동밥상
연잎담정식

연잎을 한 꺼풀 한 꺼풀 벗기면 등장하는 밥. 그 위에 연자(연꽃의 열매), 밤, 콩, 호박씨가 나를 반긴다. 간간한 간에 다른 반찬이 굳이 필요 없지만, 그래도 연근 들어간 떡갈비 곁들이면 은은한 연 향기와 고소한 고기 향이 펼치는 오케스트라 연주를 즐길 수 있다.

주인 아줌의 정성이 오롯이 담긴 연잎밥은
'작은 우주'였습니다.

방문 날짜 20 . .	나의 평점 🍚🍚🍚🍚🍚

방문 후기

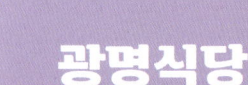

광명식당

TEL. 041-836-5176

식당 주소

충남 부여군 외산면 무량로 192

운영 시간

11:00-17:00
매주 화요일 휴무

주요 메뉴

표고버섯도토리묵
산채비빔밥

전국 표고버섯 생산량 1위 부여에 있는 식당답게 여기도 표고 저기도 표고, 모든 음식에 표고를 넣었다. 취나물에 싸 먹는 표고버섯도토리묵은 쌉싸름한 취나물 향과 향긋한 표고 향, 구수한 도토리 향의 어우러짐이 일품! 갖은 나물 들어간 비빔밥은 간장 넣고 비벼야 제맛을 안다.

욕심 내지 않은 나물 밥상을 물리치고 몸을 나서니
걸음은 서울과 반대편 무량사(無量寺) 쪽.
아아~~ 너는 이미 반쪽 스님~~

방문 날짜 20 . .   나의 평점 🍚🍚🍚🍚🍚

방문 후기

부여할매 순대

TEL. 041-837-8700

식당 주소

충남 부여군 부여읍 사비로71번길 23

"그냥 하다 보니 그렇게 됐어유~." 80년 순대 가업을 '하다 보니 그렇게 되었다'는 주인장 말에서 담백한 성품이 느껴진다. 그 성격을 닮았는가, 이 집 백순대는 우윳빛 색깔에 냄새 하나 없이 깔끔하다. 하지만 백순대는 하루 50그릇 한정이라니, 드실 분은 서둘러 가셔유~.

운영 시간

11:00-21:00

주요 메뉴

순대국밥
순대+볶음

방문 날짜 20   **나의 평점**

방문 후기

유구식당
(유구정육식당)

TEL. 041-841-2528

식당 주소
충남 공주시 유구읍 시장길 33-4

운영 시간
10:00-20:30
매월 첫째, 셋째 주 월요일 휴무

주요 메뉴
한우모둠한상
육회비빔밥
소머리국밥

충청도 사람들 얌전한 줄 알았더니, 주인장 고기 써는 모습 보니까 그렇지 않구나! 그날그날 신선한 부위가 랜덤으로 나오는 한우모둠. 냉동하지 않아 살짝 두껍게 썬 차돌박이는 식감과 고소함을 다 잡았고, 등심은 육즙이 축제를 연다. 마무리로 칼칼한 된장찌개면 게임 끝.

1,500g에 58,000원!
질보다 양이다!
모양 따지지 마라!

방문 날짜 20 . .	나의 평점
방문 후기	

대추나무집

TEL. 043-644-3489

식당 주소

충북 제천시 의병대로12길 15

운영 시간

12:00-20:30
하루 전 전화 예약 필수

주요 메뉴

소고기로스정식

120년 된 고택에 메뉴는 소고기정식 하나. 거무노리(묏미나리), 비름, 뽕잎, 당귀, 머위 등 상을 가득 채운 나물에서 최소한으로 양념을 한 주인장의 섬세한 손길이 느껴진다. 녹두, 콩, 수수 등 13가지 잡곡밥과 들기름으로 구운 소고기, 마지막 오징어찌개까지 모두 A+다.

빈틈 없는 건강 밥상.
40년 묵은 우장아찌와
40년 묵은 간장은 이 집의 토대.

방문 날짜 20 . .   나의 평점

방문 후기

의림만두국

TEL. 043-646-0879

식당 주소
충북 제천시 명륜로6길 7

운영 시간
11:00-20:00
토요일 11:00-17:00
매주 일요일 휴무(재료 소진 시 조기 마감)

주요 메뉴
닭칼만
만둣국
칼국수

충청도 이미지의 반전이다. 용암 같은 빨간 국물 속에서 닭, 칼국수, 만두가 보글보글 끓고 있다. 화끈한 매운맛에 입김을 내뿜으면서도 국물로 향하는 숟가락을 멈출 수 없다. 두꺼운 칼국수 면발, 생배추 씹히는 만두, 쫄깃한 닭까지 골라 먹는 재미가 쏠쏠하다. 볶음밥도 필수!

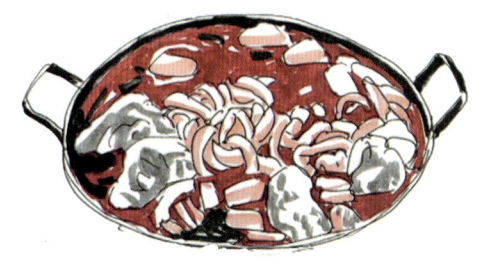

충청도 사람들 뒤끝이 있었나요.
세상에 법 없이 살아가는 분들인 줄 알았드만
우치 맵습니다~>.<
* 정준하 씨 극찬

방문 날짜 20 . .	나의 평점 
방문 후기	

석이네 숯불구이

TEL. 043-642-7879

식당 주소

충북 제천시 의림대로31길 16

운영 시간

15:00-22:00
매주 일요일 휴무

주요 메뉴

LA갈비
돼지모둠
고추장삽겹살

이 정도면 고깃집이 아니라 불판 있는 한정식집이 아닌가. 가지튀김, 고구마생채, 돼지껍데기 등 개성 넘치고 사장님 손맛 가득한 12가지 반찬이 상을 채운다. 반찬이 푸짐해서 고기 추가가 안 들어온다며 웃는 사장님 인심이 참 정겹다. 물론 메인 메뉴인 돼지고기도 엄지 척.

고기 좋고 반찬은 더 좋은 집.
정이 넘치고 맛이 넘쳐서 제천의 멋을 느꼈습니다.

방문 날짜	20 . .	나의 평점	🍚🍚🍚🍚🍚
방문 후기			

외갓집

TEL. 043-652-7767

빨간 어묵으로 제천 사람들의 입맛을 사로잡았다. 특제 고추장으로 맛을 낸 어묵의 익숙하면서도 새로운 매콤함에 넋 놓고 먹다 보니, 눈앞엔 다 먹고 남은 어묵 막대가 수북하다. 시장에서 가져온 가래떡꼬치도 별미. 제천의 추운 날씨를 이겨내려다 보니 매운 음식을 사랑하게 되었단다.

식당 주소
충북 제천시 풍양로17길 7

운영 시간
09:30-18:30
매월 첫째, 셋째 주 일요일,
둘째, 넷째 주 월요일 휴무

주요 메뉴
빨강오뎅
고기만두
튀김

방문 날짜 20 . .   나의 평점

방문 후기

신라식당

TEL. 043-544-2869

보은의 중심지에 위치해 관공서 사람들이 즐겨 찾는 곳이다. 깻잎지, 두부조림, 궁채무침 등 깔끔하고 간이 적당한 반찬에 주인장 음식 솜씨가 짐작이 갔다. 호박, 두부 들어간 북어찌개는 뽀얀 주황색 국물과 들기름에 볶아 쫀득한 생북어가 가득해, 한바탕 먹고 나면 속이 든든하다.

식당 주소
충북 보은군 보은읍 교사삼산길 40

운영 시간
11:00-21:00
라스트 오더 19:30
매월 첫째, 셋째 주 일요일 휴무

주요 메뉴
북어찌개정식
백반

방문 날짜 20 . .   나의 평점

방문 후기

대구 · 울산 · 부산 · 경상 밥상

대구·울산·부산·경상

대구

온돌방식당 · 250
온돌불고기, 열무밥한정식

국일따로국밥 · 252
따로국밥

산골기사식당 · 254
송이순두부, 봄동전

일경식당 · 256
명품순댓국밥, 명품왕순대

호야막창 · 258
생막창, 생삼겹살

남도횟집 · 259
무침회, 생우럭매운탕

개미분식 · 260
납작만두

진미통닭 · 261
튀김똥집, 마늘똥집

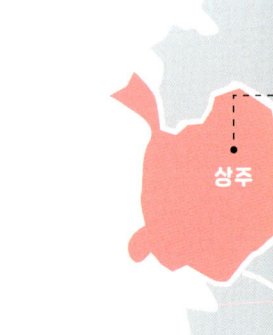

상주

하동

하동

원조강변할매재첩회식당 · 284
하동 재첩국, 재첩회

마루솔한정식식당 · 286
생선구이백반

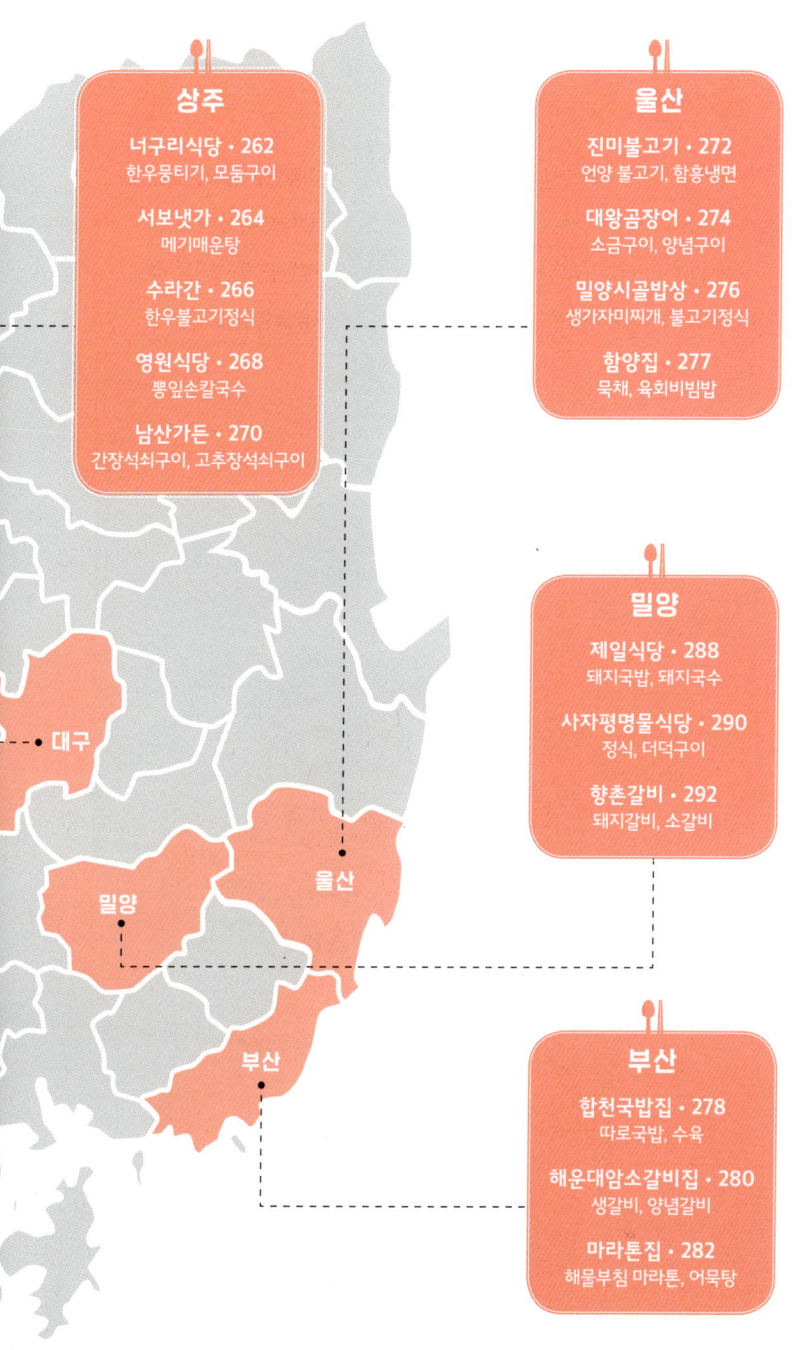

상주

너구리식당 · 262
한우뭉티기, 모둠구이

서보냇가 · 264
메기매운탕

수라간 · 266
한우불고기정식

영원식당 · 268
뽕잎손칼국수

남산가든 · 270
간장석쇠구이, 고추장석쇠구이

울산

진미불고기 · 272
언양 불고기, 함흥냉면

대왕곰장어 · 274
소금구이, 양념구이

밀양시골밥상 · 276
생가자미찌개, 불고기정식

함양집 · 277
묵채, 육회비빔밥

밀양

제일식당 · 288
돼지국밥, 돼지국수

사자평명물식당 · 290
정식, 더덕구이

향촌갈비 · 292
돼지갈비, 소갈비

부산

합천국밥집 · 278
따로국밥, 수육

해운대암소갈비집 · 280
생갈비, 양념갈비

마라톤집 · 282
해물부침 마라톤, 어묵탕

온돌방식당

TEL. 053-423-7222

식당 주소
대구 중구 동성로12길 72-9

운영 시간
11:30-21:30

주요 메뉴
온돌불고기
열무밥한정식

100년 된 철도청 관사 건물의 오묘한 분위기를 간직한 곳. 특선 메뉴인 불고기+열무밥정식을 시키면 각종 나물에 꽈리고추찜, 미나리전 등 18가지 반찬이 나오니 과연 '특선'답다. 심심한 열무김치와 구수한 집 된장 넣고 비벼 먹는 열무밥은 그 유명한 대구 더위를 잊게 한다.

앞으로 내가 안 보이거든 이 집으로 찾아 오시게나.
음식 맛을 놓치기 싫어서 눌러살고 말테니까.

방문 날짜 20 . .   나의 평점

방문 후기

국일 따로국밥

TEL. 053-253-7623

식당 주소
대구 중구 국채보상로 571

운영 시간
00:00-24:00
연중무휴

주요 메뉴
따로국밥

에헴, 전쟁 통에도 지켜야 할 것이 있는 법이지. 옛날 대구 양반들은 6.25 때도 국에 밥을 말아 퍼먹는 건 용납할 수 없었나 보다. 하지만 새빨간 기름과 간 마늘, 큼지막한 선지와 대파 한 무더기 들어간 국밥 먹으면서 어떻게 점잖을 수 있을까? 땀 뻘뻘 흘리며 먹고 왔습니다~.

내 것은 탕에 밥을 말지 말고
밥 따로 국 따로 내오너라.
양반 체면에 그렇게 먹을 수 있겠느냐.

방문 날짜 20 . . **나의 평점** 🍚🍚🍚🍚🍚

방문 후기

산골기사 식당

TEL. 010-2799-1477

식당 주소
대구 동구 팔공산로 1666

운영 시간
06:30-21:00

주요 메뉴
송이순두부
봄동전
호박전

팔공산 등산객들로 이미 인산인해를 이루는 곳. 1대 주인장인 아버지께 물려받은 방식 그대로 만든 단단하고 고소한 순두부와 자연산 송이를 잔뜩 넣었다. 고추기름과 달걀을 넣지 않아 송이 향만 그릇 가득 담겨 있다. 봄동전과 늙은호박전도, 산뜻한 나물 반찬도 끝내준다.

송이순두부가 있습니다.
송이버섯이 대중화가 될 정도로 흔해졌나요?
아닙니다. 이 집만 그렇습니다.

방문 날짜 20   .   .   나의 평점

방문 후기

일경식당

TEL. 053-753-4778

식당 주소
대구 동구 효목로 28

운영 시간
11:30-22:00
매주 일요일 휴무

주요 메뉴
명품순댓국밥
명품왕순대

'탕반의 도시'로 불릴 정도로 국과 밥을 사랑하는 도시인 대구. 그래서인지 국물 요리 잘하는 집이 참 많은데, 그 중에서도 손꼽히는 곳이다. 뽀얗고 구수한 국물, 기계 일절 안 쓰고 모든 재료를 수작업으로 다듬고 썰어 만드는 막창순대에 왜 이름에 '명품'이 붙었나 알겠다.

순댓국도 멋지지만 주인 자매의 밝은 성격이
이곳의 핵심입니다.

방문 날짜 20 . . **나의 평점** 🍚🍚🍚🍚🍚

방문 후기

호야막창

TEL. 053-581-2881

1960년대, 대구 달서구 두류동에 도축장이 들어서며 남은 부속물을 가져와 삶아 먹던 것이 발전해 지금의 막창구이가 되었단다. 평소에 막창같이 기름진 음식을 즐겨하지 않아 걱정이 되었지만, 콩가루 들어간 막장 소스에 찍어 먹으니 고소하고 은근히 올라오는 단맛에 즐겁게 먹을 수 있었다.

식당 주소

대구 달서구 선원남로 151

운영 시간

17:00-00:00

매월 첫째, 셋째 주 일요일 휴무

주요 메뉴

생막창
생삼겹살

방문 날짜 20 . .   나의 평점

방문 후기

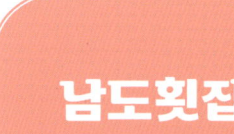

남도횟집

TEL. 053-425-0914

내륙 지방인 대구는 신선한 회를 먹기 어려워 주로 숙회로 회무침을 만들어 먹었다고 한다. 세월 좋아지며 이제는 날 생선도 무침에 들어가지만, 삶은 소라나 고동 등이 여전히 주를 이룬다. 남편 생각하며 바락바락 무쳐야 간이 잘 밴다는데, 무슨 원한 있으셨나? 맛 제대로입니다~.

식당 주소
대구 중구 경상감영길 165-5

운영 시간
10:30-22:00
매월 둘째, 넷째 주 화요일 휴무

주요 메뉴
무침회
생우럭매운탕

방문 날짜 20   .   .   **나의 평점**

방문 후기

개미분식

TEL. 053-425-7185

식당 주소

대구 중구 동성로 70-10

웬 만두피 몇 장이 덩그러니 나오길래 '도대체 무슨 음식인가?' 했더니, 대구 10味(미) 중 하나인 '납작만두'란다. 내용물도 파 대여섯 조각에 당면이 성냥개비 5분의 1만큼 들었으려나. 하지만 기름기 잘잘 흐르는 요 고소함에 한번 중독되면, 다음 대구 여행 때 안 들릴 수가 없단다.

운영 시간

11:00-21:00
매주 수요일 휴무

주요 메뉴

납작만두

방문 날짜 20 . .

나의 평점

방문 후기

진미통닭

TEL. 053-954-6580

식당 주소
대구 동구 아양로9길 10

저렴하고 푸짐하게 한잔하기 좋은 안주 닭똥집에는 배고팠던 청춘의 애환이 담겨 있다. 마늘 향 가득한 마늘똥집은 옛날 포장마차에서 먹던 딱 그 맛. 튀김똥집은 바삭바삭 오독오독 씹는 맛이 참 경쾌하다. 모든 게 변한 세상 속, 닭똥집만 그대로구나.

운영 시간
11:00-24:00

주요 메뉴
튀김똥집
마늘똥집

방문 날짜 20   .   .   **나의 평점**

방문 후기

너구리식당

TEL. 054-535-9292

식당 주소

경북 상주시 서성3길 9

운영 시간

17:00-23:30
매주 일요일 휴무
전화 예약 추천

주요 메뉴

한우뭉티기
모둠구이

도축한 지 24시간 이내의 신선한 소고기로만 만들 수 있는 뭉티기. 거세하지 않은 소를 사용해 육질이 쫄깃하고 육향이 진한 것이 이 집의 특징이다. 뭉텅뭉텅 썰어 나온 뭉티기는 처음엔 구수하고 이후엔 단맛이 싹 올라온다. 온전한 맛을 느끼려면 소금만 살짝 찍어 먹어야 한다.

생고기 좋고, 구이 좋고, 된장찌개 맛도 훌륭합니다.
※ 앗! 촬영 끝나고 먹은 열무된장밥이 최고였습니다.

방문 날짜 20 . .   나의 평점 🍚🍚🍚🍚🍚

방문 후기

셔보냇가

TEL. 054-532-5978

식당 주소
경북 상주시 영남제일로 1971-14

운영 시간
10:30-20:00
매주 월요일 휴무
명절 전일, 당일 휴무

주요 메뉴
메기매운탕

직접 만든 조청고추장으로 민물고기 비린내를 완전히 잡았다! 잡냄새 없이 깔끔하고 칼칼한 국물, 무르지 않고 통통한 메기 살, 씹는 맛 좋은 토란대 가득한 매운탕에 민물고기 별로 좋아하지 않던 내 입맛도 바뀔 듯하다. 동면 전 메기가 제일 맛있다니, 겨울에 놓치지 말고 드시지요.

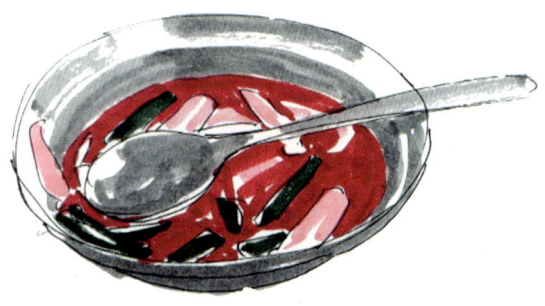

오래 지내다 보면
개운 건너 미웠던 놈이 이뻐 보일 때가 있다.
민물매운탕이 그렇다.

방문 날짜 20 . .   나의 평점 🍚🍚🍚🍚🍚

방문 후기

수라간
TEL. 054-535-8890

식당 주소
경북 상주시 상서문3길 119

운영 시간
11:30-21:00
매주 월요일 휴무

주요 메뉴
한우불고기정식
한정식(하루 전 예약 필수)

100년 한옥에 품위 있는 밑반찬이 불고기 맛을 짐작 가게 한다. 목이버섯, 새송이버섯, 시금치 올라간 불고기는 손님상에서 끓여 먹는데, 일반적인 불고기보다 국물이 맑고 담백하다. 고기는 입 속에서 부드럽게 씹히고, 남해 시금치는 단맛이 쭉쭉 나와 존재감을 드러낸다.

저는 총각 때 하숙집 신세를 많이 졌었습니다.
결혼 후 하숙은 한 일 없겠다 싶었는데 웬 일….
이 집에서 하숙했으면 좋겠습니다.

방문 날짜 20 . .	나의 평점 
방문 후기	

영원식당

TEL. 054-532-4527

식당 주소
경북 상주시 사벌국면 덕담1길 82-10

운영 시간
11:30-14:00
매주 일요일 휴무
(재료 소진 시 조기 마감)

주요 메뉴
뽕잎손칼국수

배추와 감자가 들어가는 독특한 칼국수. 면도 콩가루와 뽕잎 가루를 넣어 반죽해서 그런지 보통의 칼국수와는 확연히 다른 맛이 난다. 이 집 칼국수의 묘미는 조선간장과 방금 무친 콩나물무침을 넣어 먹는 것인데, 아삭아삭한 식감이 부드러운 면발과 잘 어울린다.

칼국수, 배추전, 콩나물.
각기 다른 부대가 있으되
총사령관은 조선간장 양념장이었습니다.

방문 날짜 20 . . 나의 평점

방문 후기

남산가든

TEL. 054-535-2281

식당 주소
경북 상주시 신서문1길 137

운영 시간
11:30-21:00
매월 첫째, 셋째, 다섯 째 주 일요일 휴무

주요 메뉴
간장석쇠구이
고추장석쇠구이

경상도 음식은 다 맵고 짜다는 편견은 가라! 삼삼한 돼지석쇠구이 한 번 맛보면 그 말이 입에 쏙 들어갈 테다. 간장석쇠구이는 양념을 했는지 안 했는지 모를 정도로 은은한 간장 맛을 뿜내고, 고추장석쇠구이는 불 향만이 기분 좋게 남을 뿐이다. 이 집 음식 간, 참으로 절묘합니다.

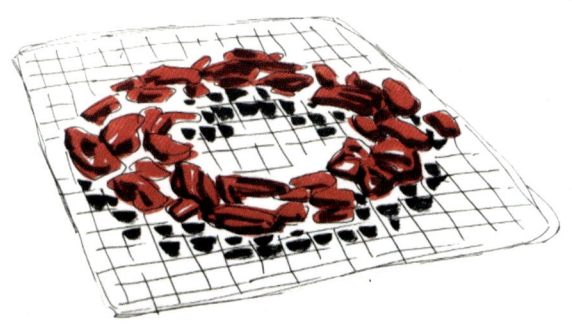

산장 같은 음탁한 별채.
이인과 돼지고기는 끝없이 술을 부르노라~~~

방문 날짜 20 .   .   나의 평점 🍚🍚🍚🍚🍚

방문 후기

진미불고기

TEL. 052-262-5550

식당 주소
울산 울주군 언양읍 동문길 47

운영 시간
10:30-21:00
전화 예약 추천(재료 소진 시 조기 마감)

주요 메뉴
언양 불고기
함흥냉면

대한민국 3대 불고기에 언양 불고기가 괜히 들어가겠는가. 얇게 썬 불고기를 숯불 위에서 계속 뒤집어 가며 구운 뒤 넓적하게 펴냈다. 질기지 않아 나이 든 사람들도 문제 없다. 당일 아침 가볍게 양념하여 고기 맛 살아 있는 불고기는 새콤달콤한 함흥냉면과도 잘 어울린다.

경부고속도로 깔러왔던 친구야,
공사하다가 간장에 절여놨던
소고기 구워 먹던 것 기억나지?
나 지금 언양 불고기 먹고 있다!!

방문 날짜 20 . .   나의 평점

방문 후기

대왕곰장어

TEL. 052-243-5928

식당 주소
울산 중구 번영로 325

운영 시간
09:00-01:00

주요 메뉴
소금구이
양념구이

붕어 없는 붕어빵은 봤어도 소금 없는 소금구이라니. 곰장어가 이미 간간한 간을 내기에 소금 일절 넣지 않고 오로지 곰장어만으로 맛을 낸단다. 간을 안 했는데 이렇게 구수하고 달다는 건 재료가 원체 신선하다는 뜻이겠지. 울산 노동자분들~ 소주를 끊을 수가 없겠구려.

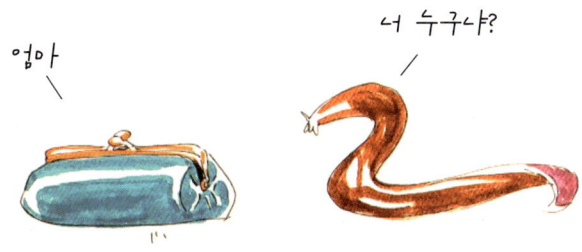

내 껍질을 벗겨서 지갑을 만들어 버렸어요. 흑

방문 날짜 20 .   .   나의 평점 🍚🍚🍚🍚🍚

방문 후기

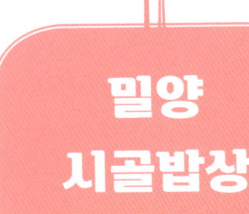

밀양 시골밥상

TEL. 052-247-3320

생가자미찌개가 나오기 전에 정구지전, 잡채, 다시마쌈, 도루묵조림 등 반찬 먹다가 배 다 채울 것 같다. 한 가닥 하시는 사장님 솜씨에 기대감이 최고를 치솟을 때 등장한 가자미찌개. 1인 1가자미 푸짐한 양과 부드러운 살, 칼칼한 국물에 과연 수준이 남다르구나 했다.

식당 주소
울산 중구 내오산로 113-1

운영 시간
10:00-21:00
매주 수요일 휴무
(재료 소진 시 조기 마감)

주요 메뉴
생가자미찌개
불고기정식

방문 날짜 20

나의 평점

방문 후기

함양집

TEL. 052-260-9060

식당 주소

울산 남구 삼산로228번길 19

1924년에 개업해 5대째 가업을 잇고 있다. 소 우둔살, 달걀지단, 메밀묵 들어간 묵채는 덤덤하니 사람을 편안하게 하는 맛. 1대 주인의 비법을 그대로 이은 육회비빔밥은 잘게 썬 미나리와 시금치, 육회, 전복, 직접 만든 고추장까지 들어가니 참으로 비범한 음식이 아닐 수 없다.

운영 시간

11:00-21:00

주요 메뉴

묵채
육회비빔밥

방문 날짜 20 . . **나의 평점**

방문 후기

합천국밥집

TEL. 051-628-4898

식당 주소
부산 남구 용호로 235

운영 시간
09:00-21:00

주요 메뉴
따로국밥
수육

돼지국밥 하면 부산, 부산 하면 돼지국밥. 그중에서도 손꼽히는 식당이다. 소고기뭇국 마냥 깔끔하고 맑은 국물 자랑하는 이 집 돼지국밥은 약간의 육향이 느껴지면서 슴슴한 맛이 제격이다. 여기에 매콤한 부추무침이나 멍게섞박지 올려 먹으면 기름기는 찾아볼 수가 없다.

국밥을 처음 맛보는 김희선 씨를
푹 빠지게 한 맛!

방문 날짜 20 . . **나의 평점** 🍚🍚🍚🍚🍚

방문 후기

해운대 암소갈비집

TEL. 051-746-0033

식당 주소
부산 해운대구 중동2로10번길 32-10

운영 시간
11:30-22:00
주말 휴무
전화 예약 불가

주요 메뉴
생갈비(2, 3일 전 전화로 수량 확인 필수)
양념갈비

고기에 눈이 내렸나? 환상적인 마블링 자랑하는 생갈비 때깔이 보통이 아니다. 동래에서 온천욕을 한 뒤 갈비를 먹는 부산 문화에 크게 이바지를 한 곳답게 특수 제작한 불판, 다이아몬드 칼집 등 고기 제대로 먹는 법을 알려준다. 달콤한 양념갈비는 감자사리가 핵심이란다.

58년 부산의 자존심 해운대의 해변만큼
내 마음에 머물겠네.

방문 날짜 20 . .   **나의 평점** 🍚🍚🍚🍚🍚

방문 후기

마라톤집

TEL. 051-806-5914

식당 주소
부산 부산진구 가야대로784번길 54

운영 시간
16:00-02:00
매월 첫째, 셋째 주 화요일 휴무

주요 메뉴
해물부침마라톤
어묵탕

1959년 개업한 노포. 어묵탕에 어묵, 스지, 유부주머니, 달걀, 두부, 무가 가득 들었다. 간 짜기로 유명한 부산에서 이렇게 심심하고 시원한 국물이라니. '빨리 먹고 가야 하는 음식→손기정 선수→마라톤' 이렇게 해서 이름 붙여진 해물부침은 술 한 병으로는 택도 없다.

《식객》 만화 그릴 때 인연을 맺은 집입니다.
이 집 어묵은 종착점이 없는 길을
계속 달리고 있습니다.

방문 날짜 20 . .   **나의 평점** 🍚🍚🍚🍚🍚

방문 후기

원조강변할매 재첩회식당

TEL. 055-882-1369

식당 주소
경남 하동군 고전면 재첩길 286-1

운영 시간
08:00-20:00

주요 메뉴
하동 재첩국
재첩회

섬진강 주변 수많은 재첩 식당 중에서도 힘 좀 깨나 쓴다는 집. 참게양념볶음이나 제피열무김치 등 10가지 넘는 찬에서 경상도 특유의 짭조름함과 제피 향이 느껴진다. 뽀얗고 맑은 국물과 통통한 재첩 살 가득한 재첩국은 보약이 따로 없는 맛. 사과 채 들어간 재첩회도 상큼하다.

재첩국 기다리는 섬진강으로 갑시다.
재첩국은 쭈우욱 들이키고 숙취는 날려버립시다.

방문 날짜 20 . . **나의 평점** 🍚🍚🍚🍚🍚

방문 후기

마루솔 한정식식당

TEL. 055-884-3478

식당 주소
경남 하동군 하동읍 시장1길 26-8

운영 시간
11:40-저녁 시간 변동
전화 후 방문 추천, 휴무일 변동
(재료 소진 시 조기 마감)

주요 메뉴
생선구이백반

강 있고 산 있어 먹을 것 많은 하동. 10,000원 정식에 나오는 김무침, 제피겉절이, 방아잎 넉넉히 들어간 흑새우된장국에 '과연 여기가 하동이구나' 느낀다. 프라이팬에 구워 겉은 바삭 속은 촉촉한 서대, 능성어, 가자미에 밥이 목을 타고 술술 넘어간다.

정식 10,000원.
전라도와 경상도 음식은
눈 감고도 알아맞출 수 있습니다.
경상도는 제피를 많이 쓰거든요.

방문 날짜 20 . .   **나의 평점** 🍚🍚🍚🍚🍚

방문 후기

제일식당

TEL. 055-391-2724

식당 주소
경남 밀양시 하남읍 수산중앙로 41

운영 시간
08:00-19:30
매월 셋째 주 화요일 휴무

주요 메뉴
돼지국밥
돼지국수

밀양 사람들의 소울 푸드 돼지국밥. 부추겉절이 소복이 올린 것이 특징인 이 집 국밥 한 숟갈 크게 떴는데 아니, 돼지국밥 국물이 이렇게 고소할 수가 있나? 기름지지 않고 깔끔한 국물, 두툼하고 촉촉한 고기에 고향 돼지국밥 자랑하는 밀양사람들 마음을 이해하고 말았다.

돼지국밥은 부산이 먼저냐,
밀양이 먼저냐 불필요한 논쟁 마라.
국밥 식는다, 따신 국밥이 먼저다.

방문 날짜 20 . .   나의 평점 🍚🍚🍚🍚🍚

방문 후기

사자평 명물식당

TEL. 055-352-1603

식당 주소
경남 밀양시 단장면 바드리길 8

운영 시간
10:00-22:00

주요 메뉴
정식
더덕구이

6.25도 비켜간 첩첩산중. 세월마저 비켜갔는지 커다란 느티나무, 밥 냄새 솔솔 나는 가마솥에 옛 생각이 절로 난다. 엄나무장아찌, 가죽장아찌, 곤달비나물 등 산내음 가득한 반찬에 갓 지은 가마솥 밥과 밀된장국, 향긋한 더덕구이까지 그야말로 어머니 손맛 가득한 밥상이다.

요리 학원은 구경조차 못한
사장님의 솜씨는 비길 곳 없는데,
미슐랭 가이드는 이곳을 놓치고 말았구나.

방문 날짜 20 . . **나의 평점**

방문 후기

향촌갈비

TEL. 055-354-2538

식당 주소
경남 밀양시 내일상가1길 10

운영 시간
11:30-21:00
라스트 오더 20:15
매주 목요일 휴무

주요 메뉴
돼지갈비
소갈비

130년간 대대로 살던 한옥을 개조한 식당. 분위기 남다른 식당답게 손재주 좋은 사장님이 특별 제작한 화로가 눈길을 사로잡는다. 소갈비는 양념을 단순하게 해 담백하고 부드럽게, 돼지갈비는 소갈비보다 진하게 양념을 해 맛을 잡았다니, 각각의 매력을 살릴 줄 아는 집이다.

이 향기~
이 맛은~
영남루에서 놀던 선비들을
부르고도 남는구나.

방문 날짜 20 . . **나의 평점** 🍚🍚🍚🍚🍚

방문 후기

전라 · 제주 밥상

전라·제주

군산

서우식당 · 298
아귀백반, 동태내장탕

서수해장국 · 300
소머리국밥, 육사시미

궁전매운탕 · 302
장어구이, 새우탕+돌솥영양밥

고창

작은항구 · 304
직화장어구이, 바지락칼국수

싱싱수산식당 · 306
주꾸미샤브샤브, 낙지탕탕이

뭉치네풍천장어전문 · 308
산채비빔밥, 풍천장어구이

모꼬지바지락요리전문점 · 310
바지락정식

무안

옛날시골밥상 · 312
백반

곰솔낙지 · 314
기절낙지, 낙지호롱구이

두암식당 · 316
짚불구이, 게장비빔밥

광양

부흥식당 · 326
수육, 육사시미

쌈지촌 · 328
정어리쌈밥

장흥

본전식당 · 318
매생이백반, 생선구이백반

만나숯불갈비 · 320
한우생고기, 표고버섯+키조개

삭금쭈꾸미 · 322
주꾸미숙회, 주꾸미볶음

남포수산 · 324
석화구이, 촌닭구이

제주

한라산아래첫마을영농조합법인 · 330
제주 메밀비비작작면, 제주 메밀물냉면

혼차롱식개집 · 332
혼차롱, 뿔소라적꼬치

돈지식당 · 334
자리회코스, 방어코스

셔우식당

TEL. 063-465-7322

식당 주소
전북 군산시 나운안2길 9-6

운영 시간
11:00-21:00
매주 일요일 휴무

주요 메뉴
아귀백반
동태내장탕

현지인 사랑 듬뿍 받는 아귀 백반 한 상. 17가지 제철 해산물 반찬이 식탁을 가득 채우니, 이 집은 빨리 먹고 가면 안 되고 천천히 음미해야 하는 집이라는 걸 깨닫는다. 여기에 아귀탕은 화룡점정. 가을 바다의 넉넉한 맛 안겨주니, 역시 미식의 고장 군산이다.

9,000원에 아귀탕, 생선구이, 게우침까지…. 서울에서 왔어도 기름값 충분히 빠집니다.

방문 날짜 20 . .   **나의 평점** 🍚🍚🍚🍚🍚

방문 후기

서수해장국

TEL. 063-453-3926

식당 주소
전북 군산시 서수면 남산로 306

운영 시간
07:00-19:00
토요일 07:00-16:00
매주 일요일 휴무

주요 메뉴
소머리국밥
육사시미(주중에만 가능)

무슨 이런 외진 곳에 식당이 다 있나? 어쩌다 보니 여기까지 왔다는 주인장 말에서 오로지 맛으로 승부를 내겠다는 깡이 느껴진다. 도축장 문 여는 주중에만 가능하다는 육사시미는 소금에 찍으면 다른 양념이 필요 없는 맛. 맑으면서 진한 소머리국밥에선 새로운 고소함을 만났다.

얇게 썬 머릿고기가 이렇게 맛이 깊은 줄이야.
특히 반쯤 식은 국물은 압권이었습니다.

방문 날짜 20 . . **나의 평점**

방문 후기

궁전매운탕

TEL. 070-7781-9700

식당 주소
전북 군산시 현충로 12

운영 시간
11:00-20:00
매주 월요일 휴무

주요 메뉴
장어구이
새우탕+돌솥영양밥

바닷바람 쐬고 들르는 민물고기 식당이라니. 무언가 어색하지만 민물새우 듬뿍 들어가 달콤하고 시원한 새우탕 국물에 얼었던 몸이 녹는다. 국물에 양념을 풀지 않고, 얼갈이배추를 삶아 양념을 한 것으로 국물 맛을 낸단다. 영양돌솥밥에 얼갈이배추 한 점 올려 먹으면 금상첨화다.

바닷가에 버티고 있는 민물장어 집.
존재 이유가 있었습니다.

방문 날짜 20 . .   **나의 평점**

방문 후기

작은항구

TEL. 063-563-5790

식당 주소
전북 고창군 심원면 상전1길 45

운영 시간
11:00-21:00
매월 둘째, 넷째 주 목요일 휴무
(재료 소진 시 조기 마감)

주요 메뉴
직화장어구이
바지락칼국수

풍천 장어의 '풍천'이 지역명인가 했더니, 바다와 강이 만나는 곳이라 '풍천(風川)'이란다. 주문 즉시 잡은 장어를 비장탄 위에 올려 구워 먹는데, 여느 집보다 굉장히 고소하다. 장어를 물에 씻지 않아 비린내를 줄인 게 비법. 여기에 족타 반죽 칼국수까지! 음식 좀 아는 집이다.

초봄 풍천 장어구이와 칼국수의 안남.
낯설지 않은 바닷가 찬 바람.

방문 날짜 20 . . **나의 평점** 🍚🍚🍚🍚🍚

방문 후기

싱싱 수산식당

TEL. 063-563-3585

식당 주소
전북 고창군 고창읍 시장안길 26, 3동 69, 70, 71호

운영 시간
전화 예약 필수
(20인 이상 예약 불가)

주요 메뉴
주꾸미샤브샤브
낙지탕탕이

냉이, 부추, 시금치, 보리 등 봄 채소 가득 넣고, 살 오른 주꾸미 살짝 익혀 먹는 샤브샤브면 봄을 다 먹었다 해도 과언이 아니다. 봄철 주꾸미는 머리에 든 고소한 밥알(난소)이 핵심. 먹물 퍼진 국물에 만들어 먹는 구수한 죽은 밥상 교향곡의 하이라이트다.

냉이로 시작한 육지의 봄이
주꾸미로 이어지는
바다의 봄이랑 랑데부♡

방문 날짜 20 . .   나의 평점 🍚🍚🍚🍚🍚

방문 후기

뭉치네 풍천장어전문

TEL. 063-562-5055

식당 주소
전북 고창군 아산면 중촌길 13

운영 시간
09:00-21:00

주요 메뉴
산채비빔밥
풍천장어구이

들에서 모집해온 온갖 나물이 다 있다. 원추리, 비름, 머위… 등 필요한 만큼 매일 나물을 채취해온단다. 나물 각각의 맛을 살리려 다른 양념을 쓰고, 비빔밥도 나물 맛을 죽이지 않도록 특제 양념 간장을 넣는다. 피카소만 예술인가~ 저는 지금 봄의 예술을 먹고 있습니다.

아~ 새삼 봄의 위력을 느꼈습니다.
내 입안으로 들어온 것은
음식이 아니라 봄이었습니다.

방문 날짜 20 . .   나의 평점 🍚🍚🍚🍚🍚

방문 후기

모꼬지바지락 요리전문점

TEL. 063-561-4568

전국 최대의 바지락 생산지, 전라북도 고창. 먹을 것 없던 시절, 바지락은 서민들에게 중요한 단백질 공급원이었다. 그랬던 바지락이 이젠 철마다 찾아 먹는 계절 별미가 되었다. 담백한 함초전에 싸 먹는 새콤한 바지락초무침과 바지락밥에 바지락탕까지. 봄날 영양 보충은 이것으로 끝이다.

식당 주소

전북 고창군 부안면 인촌로 60

운영 시간

11:00-20:00
매월 첫째, 셋째, 다섯 째 주 월요일 휴무

주요 메뉴

바지락정식

방문 날짜 20 . .   **나의 평점**

방문 후기

옛날 시골밥상

TEL. 061-282-7777

식당 주소

전남 무안군 일로읍 시장길 17-10

운영 시간

10:00-19:00
매주 일요일 휴무
(장날 1, 6일은 정상 영업)

주요 메뉴

백반

우리나라 최초의 시장 '일로장'. 오랜 세월 무안 사람들의 입맛을 사로잡은 이 집은 메뉴판도 없이, 백반 딱 하나다. 간장게장, 양념게장, 홍어무침에 직접 담은 바지락젓갈, 계절에 따라 생선 종류가 달라지는 생선조림, 생선찌개까지. 전라도 인심 제대로 맛보고 갑니다.

찬 그릇을 세다가 포기했습니다.
세상에나, 무안의 인심이 이런 정도입니다.

방문 날짜 20 . .	나의 평점 🍚🍚🍚🍚🍚

방문 후기

곰솔낙지

TEL. 061-452-1073

식당 주소
전남 무안군 망운면 운해로 1447

운영 시간
09:00-21:00
매주 일요일 휴무
낙지 금어기 휴무

주요 메뉴
기절낙지
낙지호롱구이
연포탕

먼저, 빨판 속 이물질 제거를 위해 산 낙지를 물에 빡빡 씻는다. 이러면 낙지가 축 늘어지는데, 신기하게도 소스에 찍으면 꿈틀꿈틀 다시 살아나 죽은 낙지가 아니라 '기절' 낙지란다. 뽀드득뽀드득 씹히는 낙지를 주인장 특제 소스에 찍으니 아, 단맛이 아름답다.

생낙지 → 기절낙지 → 낙지.
낙지른 이렇게 세 번 괴롭힙니다.
꼬들꼬들하고 맛이 좋은데
그 시작은 기막힌 소스였습니다.

방문 날짜 20 . .   **나의 평점**

방문 후기

두암식당

TEL. 061-452-3775

식당 주소
전남 무안군 몽탄면 우명길 52

운영 시간
11:00-20:00
라스트 오더 19:00
매주 목요일 휴무(공휴일은 정상 영업)

주요 메뉴
짚불구이
게장비빔밥

추수가 끝난 후 볏짚으로 영산강 숭어를 구워 먹었던 데서 시작된 볏짚구이. 짚 연기 자욱하게 풍기는 옛 방식으로 조리하는 몇 안 남은 집이다. 굽는 시간, 고기 두께, 불 조절 등 아무나 따라할 수 없는 짚불삼겹살 맛이다. 칠게장 찍어 먹으면 매콤하면서 감칠맛이 은근히 퍼진다.

지겹고 힘든 것은 마다하고
오랜 세월 견뎌준 이곳이 고맙습니다.
지나는 나그네의 발걸음이 힘들지 않습니다.

방문 날짜 20 . . **나의 평점** 🍚🍚🍚🍚🍚

방문 후기

본전식당

TEL. 061-867-6196

식당 주소
전남 장흥군 회진면 노력도2길 1-1

운영 시간
06:00-18:00

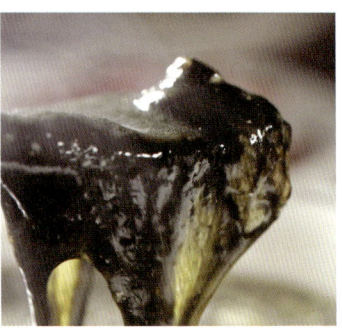

주요 메뉴
매생이백반
생선구이백반

감태무침, 새우장, 굴무침, 문어숙회, 생선구이 등 수산 시장 갈 필요도 없이 그날그날 동네 선장들이 잡아온 것으로 반찬을 꾸린다. 매생잇국은 굴 대신 돼지고기를 넣어 부족한 영양분을 보충했던 바닷가 사람들 방식 그대로. 진정한 '바다가 내어주는 밥상'이다.

올 봄 이후 처음 맛보는 매생잇국은
여전히 향을 뽐내고 있군요.
이것이 장흥에 다시 오고픈 유혹입니다.

방문 날짜 20 . .   **나의 평점** 🍚🍚🍚🍚🍚

방문 후기

만나 숯불갈비

TEL. 061-864-1818

식당 주소
전남 장흥군 장흥읍 물레방앗간길 4

운영 시간
11:00-22:00
매월 첫째, 셋째 주 월요일 휴무

주요 메뉴
한우생고기
표고버섯+키조개

사람보다 소가 더 많은 장흥답게 소고기 먹는 법이 남다르다. 볼록한 불판 가운데에선 한우를 굽고, 테두리엔 육수를 부어 관자와 표고버섯을 데쳐 삼합으로 먹는다. 생으로 먹어도 될 만큼 신선한 관자와 향긋한 표고버섯, 고소한 소고기에 '사장님 너무하시네' 말이 절로 나온다.

관자, 표고버섯, 소고기.
어쩜 음식이 하나도 내칠 것이 없나요.
아! 그럼 그렇지! 주인장 고향이 여수였습니다.^^

방문 날짜 20 . . **나의 평점** 🍚🍚🍚🍚🍚

방문 후기

삭금쭈꾸미

TEL. 061-864-6161

식당 주소
전남 장흥군 장흥읍 물레방앗간길 14

운영 시간
11:00-22:00
일요일 점심 운영
매월 넷째 주 일요일 휴무

주요 메뉴
주꾸미숙회
주꾸미무침

머리에 밥알(난소) 가득 찬 봄 주꾸미가 제일 맛있다구요? 진정한 미식가들은 산란기 전, 몸통 살 연한 겨울 주꾸미를 찾아 먹습니다. 매콤한 묵은지 얹어 씹는 맛 살리고, 남도 방식대로 된장에 찍어 먹으면 둘이 먹다 둘 다 죽어도 모를 맛. 부드럽게 매운 주꾸미볶음도 강추.

어얼리 배에서 올리는 그물.
반짝반짝 빛나는 주꾸이 대가리.
빨리 돌아오시게나.
젓가락 들고 기다리는 님이 계시다네.

방문 날짜 20 . . **나의 평점** 🍚🍚🍚🍚🍚

방문 후기

남포수산

TEL. 061-864-8892

득량만 외딴곳에 있는 독특한 식당. 거대한 컨테이너 건물 안으로 들어가니 사람들이 옹기종기 모여 굴을 구워 먹고 있다. 갯벌에서 캔 자연산 석화를 참나무 장작에 구웠으니, 어찌 이보다 맛있으랴. 탄탄한 육질과 향긋한 굴 향에 겨울이 시작되었음을 느낀다.

식당 주소

전남 장흥군 용산면 접정남포로 763-96

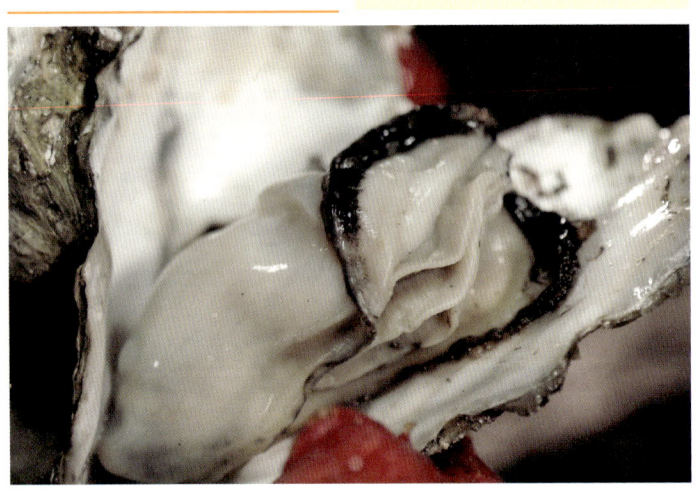

운영 시간

11:00-21:00
1월 말-3월 말 한정 영업
굴 수확 불가 시 휴무

주요 메뉴

석화구이, 촌닭구이
굴라면, 굴떡국

방문 날짜 20   .   .   나의 평점

방문 후기

부흥식당

TEL. 061-791-6693

식당 주소
전남 광양시 사동로 13

운영 시간
15:00-22:00
전화 예약 필수

주요 메뉴
수육
육사시미
(요일 별 메뉴 다름)

섬진강을 두고 경상도와 접경하고 있는 광양. 그러나 전라도는 전라도인지 반찬에서 우리 어머니 손맛이 느껴진다. 기름과 살코기가 부드럽게 씹히는 수육은 조금씩 자주 삶는 게 비법. 묵은지, 양파김치, 파김치로 이어지는 김치 3종 세트는 수육과 환상의 조합을 이룬다.

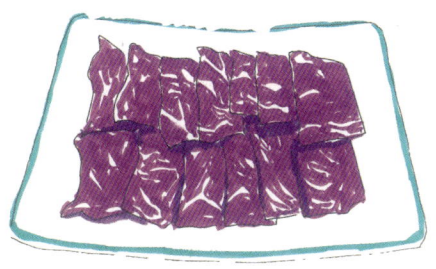

하동과 광양은 섬진강을 사이에 두고
다투듯이 음식을 발전시켜 왔다.
거리는 가까우나 음식 맛은 각각의 개성이 있다.

방문 날짜 20 . . **나의 평점**

방문 후기

짬지촌

TEL. 061-795-5111

식당 주소
전남 광양시 남산2길 3

운영 시간
전화 후 방문 추천

주요 메뉴
정어리쌈밥
(고사리는 4, 5월 주문 가능 / 2,000원 별도 추가)

정어리와 멸치는 엄연히 다른 종이지만, 전라도에서는 이 둘을 통칭해서 '정어리'라고 부른다. 따라서 이 집 정어리쌈밥도 사실은 멸치쌈밥. 커다랗고 통통한 대멸치는 쫀득쫀득하고 고소한 것이 조금 더 가면 고등어 뺨 칠 기세다. 고사리 추가해 같이 상추쌈 싸 먹어야 제맛이다.

정어리쌈밥은 봄이면 빠트릴 수 없습니다.
광양에서 먹은 정어리쌈밥.
마음은 이미 여수.

방문 날짜 20 . .   **나의 평점**

방문 후기

한라산아래첫마을 영농조합법인

TEL. 064-792-8245

식당 주소
제주 서귀포시 안덕면 산록남로 675

운영 시간
10:30-18:30
매주 월요일 휴무
(동절기 영업 시간 변경)

주요 메뉴
제주 메밀비비작작면
제주 메밀물냉면

제주산 메밀만 쓰는 집. 물냉면은 한라산을 닮은 깔끔한 담음새에 한 번, 시원한 육수에 또 한 번, 마지막 고소한 메밀면에 완전히 반하고 말았다. 메밀 100% 면인데 끊어지지도 않고 어쩜 이리 고소할까. 들깨향 가득한 비비작작면도 수준급의 맛. 식객 음식점 메모리에 등극!

백반을 찾아다니다보면
뜻하지 않은 곳에서 자존심 가득한 음식을 만납니다.
그런 음식은 그 지방의 자존심이기도 합니다.

방문 날짜 20 . .   **나의 평점**

방문 후기

혼차롱 식개집

TEL. 064-767-3334

식당 주소
제주 서귀포시 동문로 50

운영 시간
16:00-01:00
매월 첫째, 셋째 주 일요일 휴무

주요 메뉴
혼차롱
뿔소라적꼬치

식개(제사) 음식을 전문으로 하는 곳. 혼차롱('혼'은 하나, '차롱'은 대바구니) 속에 빙떡, 돼지고기산적, 옥돔구이가 담겨 나온다. 무나물 들어간 빙떡은 맛이 있는 듯 없는 듯 심심한데, 옥돔구이를 얹어 먹으면 간이 맞는다. 돼지고기산적은 제주도 사람들 제사 기다리는 이유!

제사상에 오른다는 '돼지고기산적'.
이것으로 포장마차를 하고 싶어졌습니다.
수입이 없어도 좋습니다.
실컷 먹을 수 있으니까요.

방문 날짜 20 . .　　　　**나의 평점** 🍚🍚🍚🍚🍚

방문 후기

돈지식당

TEL. 064-794-8465

식당 주소
제주 서귀포시 대정읍 하모항구로 60

운영 시간
09:00-21:00
매주 수요일 휴무

주요 메뉴
자리회코스
방어코스

여름에만 먹을 수 있는 생선, 자리돔. 큰 뼈는 발라내고, 씹기 좋은 뼈만 남겨 써는 게 기술이라는 자리돔회는 제주도식으로 된장에 찍어 먹는다. 방금 잡은 놈을 뼈째 먹어서 그런가 입 속에 고소함이 가득하다. 된장 물회도, 새콤한 무침도, 살살 녹는 구이도 빠짐없이 다 맛있다.

자리, 한치, 벤자리믄 안났습니다.
역시 자리가 한 자리 했습니다.

방문 날짜 20 . .   **나의 평점**

방문 후기

식객이 뽑은 진짜 맛집

식객 허영만의 백반기행 3

초판1쇄 발행	2022년 5월 14일
초판6쇄 발행	2025년 7월 24일
지은이	허영만·TV조선 제작팀
펴낸이	신민식
펴낸곳	가디언
출판등록	제2010-000113호
주소	서울시 마포구 토정로 222 한국출판콘텐츠센터419호
전화	02-332-4103
팩스	02-332-4111
이메일	gadian@gadianbooks.com
편집	김혜수
마케팅	남유미
종이	월드페이퍼(주)
인쇄 제본	(주)상지사P&B
ISBN	979-11-6778-043-0(13980)

* 책값은 뒤표지에 적혀 있습니다.
* 잘못 만들어진 책은 구입하신 서점에서 바꾸어 드립니다.
* 이 책의 전부 또는 일부 내용을 재사용하려면 사전에 가디언의 동의를 받아야 합니다.